季刊 考古学 第8号

特集 古代日本の鉄を科学する

● 口絵(カラー) 弥生時代の鉄器
　　　　　　　 稲荷山鉄剣錆の分析
　　　　　　　 各地の製鉄遺構
　（モノクロ）　日本の古代刀
　　　　　　　 古代の鉄製品　茨城県鹿の子C遺跡
　　　　　　　 蕨手刀にみられる金属組織
　　　　　　　 擦文期の鍛冶遺構　北海道錦町5遺跡

古代日本における製鉄の起源と発展──佐々木稔　(14)

鉄器の変遷と分析
　弥生文化と鉄──────────────橋口達也　(22)
　古墳出土鉄器の材質と地金の製法──────佐々木稔・村田朋美　(27)
　古墳供献鉄滓からみた製鉄の開始時期────大澤正己　(36)

製鉄炉と鉱滓の分析
　製鉄炉跡からみた炉の形態と発達──────土佐雅彦　(41)
　製鉄遺跡からみた鉄生産の展開───────穴沢義功　(47)
　製鉄遺跡で採取される鉄滓の組成─────桂　敬　(53)

〝えぞ文化〟と擦文文化
蕨手刀からみた東北北部の古代製鉄技術────高橋信雄・赤沼英男 *(59)*
擦文文化と鉄────菊池徹夫 *(66)*

◆製鉄原料と古代刀の地金
古代東北アジアの鉄鉱石資源────窪田蔵郎 *(34)*
古代刀に必要な地金────隅谷正峯 *(57)*

◆口絵解説
刀の考古学────石井昌国 *(65)*

最近の発掘から
7世紀前半の製鉄遺構　岡山県津山市緑山遺跡────中山俊紀 *(73)*
竪形炉をもつ製鉄址　秋田市坂ノ上E遺跡────菅原俊行 *(75)*

連載講座　古墳時代史
8．古墳の変質（2）────石野博信 *(81)*

講座　考古学と周辺科学　6
鉱物学────二宮修治 *(86)*

書評────*(91)*
論文展望────*(93)*
文献解題────*(95)*
学界動向────*(99)*

表紙デザイン／目次構成／カット
／サンクリエイト・倉橋三郎
表紙撮影／寺川由春

弥生時代の鉄器

弥生時代はわが国における「初期鉄器時代」とよぶにふさわしく、終末期までにほぼすべてのものが鉄器化された。

1・2は福岡県太宰府市吉ヶ浦遺跡出土の中期前葉～中期中頃の鉄器である。鏃4点は人体に射込まれたものと考えられ、1点は先端が折れ曲っている。鉄斧の左端のものは国産品、左から2番目は舶載品と考えている（本文参照）。3は福岡県春日市門田遺跡出土の鉄戈である。有樋・無樋のものともに鍛造品であり、樋はたがね造りであろうと推定されている。

　　　　構　成／橋口達也
　　　　写真提供／福岡県教育委員会

写真撮影／石丸　洋

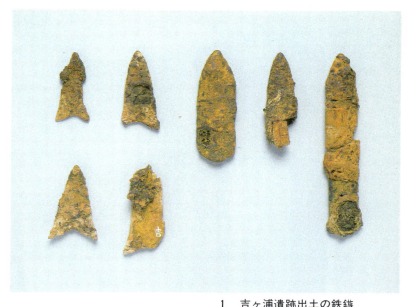

1　吉ヶ浦遺跡出土の鉄鏃（左4点）と鉇（右3点）

2　吉ヶ浦遺跡出土の鉄斧

3　門田遺跡出土の鉄戈

稲荷山鉄剣錆の分析

(表) (裏)

鉄剣の外観

写真提供／埼玉県立さきたま資料館

錆試片 (0.1g)

昭和47年，埼玉県行田市のさきたま古墳群中の稲荷山古墳で鉄剣が発見され，X線透視法によって剣身両面に合計115の象嵌文字が現われた。さらに文字を覆っていた表面の錆を取り除く作業中に地金に接していた黒錆の少量が採取された。錆試料は10個で，重量は合計0.3g。このうち重量0.1gで最大の錆片が左頁の写真のものである。本頁中央の写真は錆片断面を研磨し，CMAと呼ばれる解析装置で分析したもので，1×1mmの範囲に含まれる鉄，銅，カルシウムの定量的な濃度分布が示されている。帯状の明るい赤色は鉄の黒錆層，暗い赤色は赤錆層に対応し，青色で表わした銅分は黒錆層に濃縮している。黄色のカルシウムは鋼中にあったスラグの含有成分である。

構　成／佐々木　稔

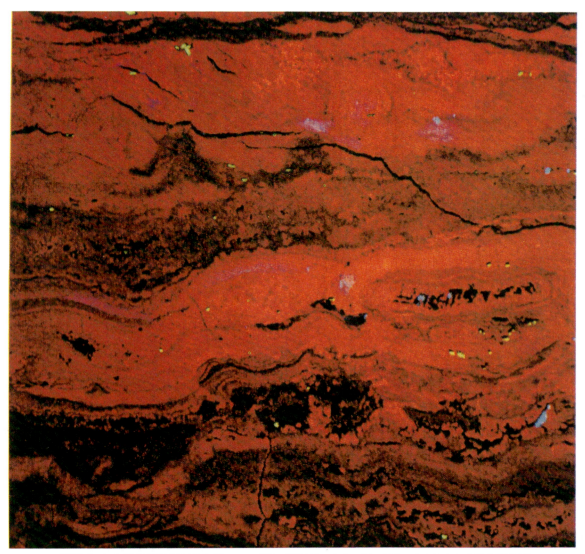

CMAによる錆中元素分布のカラーマッピング像（鉄：赤色，銅：青色，カルシウム：黄色で表示）

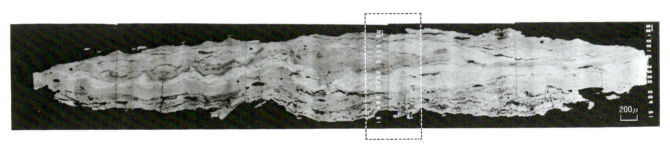

錆　試　片　断　面　の　反　射　電　子　像

各地の製鉄遺構

近年，全国各地で多くの製鉄遺跡が調査されるようになった。古代における代表的な炉型は，1（下）・2の半地下式竪型炉と1（上）・4にみられる長方形箱型炉であろう。ここでは示していないが，後者は中国山地に分布の中心をもつ。両者のほか大型円形炉，円筒自立炉などいくつかの炉型が確認されている。しかし，3のように具体的な炉型が把握出来ない例も多い。

構　成／土佐雅彦

1　富山県小杉町南太閤山Ⅱ遺跡1号（上）2号（下）製錬炉
（富山県教育委員会提供）

2　群馬県東村流通団地遺跡製錬炉
（群馬県企業局提供）

3　千葉県成田市御幸畑遺跡製錬炉
（千葉県文化財センター提供）

4　千葉県成田市取香遺跡製錬炉
（千葉県文化財センター提供）

日本の古代刀

構 成／石井昌国

4世紀末、細身で平造り、大杢目肌の楽浪文化の刀剣が、百済から北九州へ渡来し（1）、5世紀には、無地風や柾目の炒鋼刀が東シナ海経由で輸入されたようである（2・3）。
6世紀、すでに新羅の焼入文化が中部・関東地方に定着し（4）、7世紀後半にはそれらを総合した日本刀の始源をなす直刀や蕨手刀が完成する（5・6）。

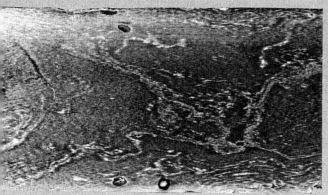

1　佐賀県唐津市鏡山出土（4世紀後半）
目肌に、地景や地沸が大まかに出現した薄手の平造り大刀であ自然放冷によるものであろう。焼刃を施した形跡は見えない。

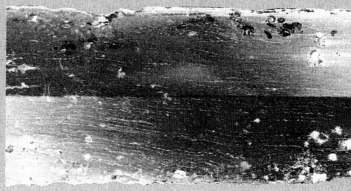

2　長野県坂井村出土（5世紀前半）
稲荷山辛亥剣の姿に酷似した長寸の剣である。柾目肌がやや細やかに目立ち、地鉄の純度は高い。刃は 鋒 三寸に弱く施されている。

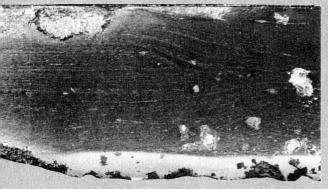

3　埼玉県児玉町出土（6世紀前半）
肌の交流した肌目の鉄滓が純化されて美しい。刃文は焼刃土をた匂口のよく立つ直刃である。

4　埼玉県神川村出土（6世紀後半）
わずかに板目肌を棟寄りに見せる無地風の粘い鋼の 鎬造 大刀である。その焼刃は、かずの子状の荒沸が烈しく流れていて、その硬度は高い。

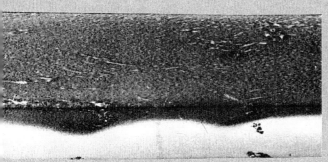

5　東京都狛江市和泉出土（7世紀前半）
の切刃造になるかます鋒の、唐様の小大刀である。その地鉄は板、柾目がほどよく鍛え出されて、地沸や地景も細徴に顕出さその刃は浅くのたれて小沸がきわめて深い。四天王寺の国宝子椒林剣」に彷彿たるものがある。

6　古備前包平―銘包平―（12世紀後半）
日本刀の初期作として著名な、名物「大包平」と同作の太刀である。その地鉄は板、杢、柾目が混ざり、さらに地沸や地景がほどよく顕われた反り高の鎬造太刀である。直刃は沸匂が深く、終末期古墳の直刀に類似している。

古代の鉄製品
― 茨城県鹿の子C遺跡 ―

多量の漆紙文書が出土し注目された茨城県石岡市の鹿の子C遺跡からは、掘立柱建物跡、連房式竪穴遺構、竪穴住居跡などとともに、鍛冶工房跡が18基検出された。鍛冶工房に関連する鉄製品は鉗・鏨・金鋸などの鍛冶具、釘、甲冑小札、刀子、鏃、楔、鎹、鎌、鋤、縁金具、鐔などの製品が1,460点ほど出土しており、奈良末〜平安時代初頭の国衙工房跡とみられる。　　　　　構　成／川井正一
写真提供／(財)茨城県教育財団

鍛冶工房跡
7.5×3.9mの長楕円形の竪穴の底面に鍛冶炉跡3カ所と土壙が設けられている。

刀子

甲冑小札　　釘

鏃

鎌

鏨

鋤　　　　　棒状鉄製品

蕨手刀にみられる金属組織

北日本特有の刀剣ともいえる蕨手刀は古代の東北史を探る上で，また日本の刀剣史を辿る上からも重要な位置を占めているが，従来の調査法に加え，新たに自然科学的手法が導入された。

構　成／高橋信雄・赤沼英男
写真提供／岩手県立博物館

1　岩手県野田村上新山遺跡出土蕨手刀（KN-1刀）

2　KN-2刀の断面組織

3　A部黒錆層中に残存する網目状セメンタイト

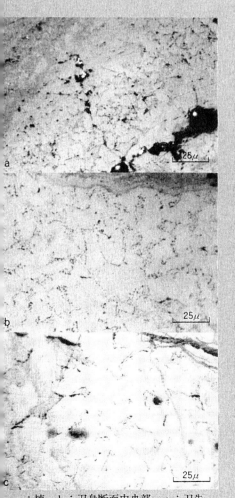

a：棟　　b：刀身断面中央部　　c：刀先
4　ORC-1刀黒錆層中のフェライト結晶組織

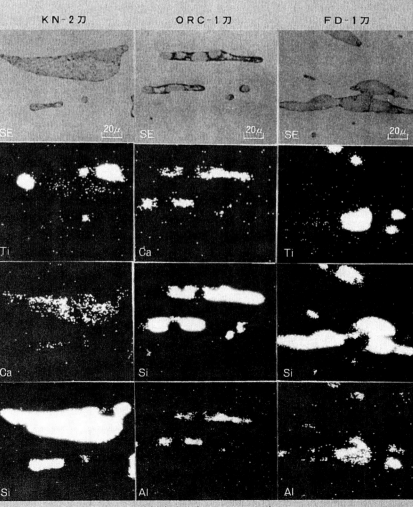

5　試料中介在物のEPMA像

擦文期の鍛冶遺構
―北海道錦町5遺跡―

旭川市錦町5遺跡は北海道の中央部、上川盆地を流れる石狩川右岸の低位段丘上に形成された擦文前半期〜中葉ごろの集落址である。1982、83の両年、斎藤傑・瀬川拓郎氏らにより調査され、鉄斧用の木製柄、ヤナ状遺構の発見などで注目されている。しかし、それにもまして鞴羽口や鉄滓を伴う鍛冶遺構（S 32竪穴）の出土は重要である。

鍛冶遺構「火床」の焼土・白粘土出土状態

「火床」出土の鞴羽口

「火床」下の礫群（西方より）

覆土中の鞴羽口出土状況

「火床」・覆土出土の鉄滓

構　成／菊池徹夫
写真提供／旭川市教育委員会

季刊 考古学

特集

古代日本の鉄を科学する

特集 ● 古代日本の鉄を科学する

古代日本における製鉄の起源と発展
―― 自然科学的研究の立場からのアプローチ ――

新日本製鐵第一技術研究所 佐々木 稔
(ささき・みのる)

日本の製鉄は舶載の鉄素材を使った鍛造鉄器の生産に始まり，舶載の鋳鉄品からの鋼製造を経て，砂鉄を原料とした製鉄へと発展した

1 はじめに

このような大きなテーマで筆者のような考古学にうとい者が書くことが許されるのも，副題が示すごとく，自然科学的研究の立場から行なう一つの試論だからであろう。したがって諸先輩が築いてきた基礎の上に立って最近の新しい研究の成果を総括し，今日における自然科学的研究の到達点を人文科学系の研究者に理解されるよう平易に解説することができるならば，本稿の目的も達成されるのではないかと考える。

すでに人文科学の立場から日本の初期鉄器文化を詳述したものには潮見浩氏のすぐれた著作[1]があり，またよくまとまった解説としては森浩一・炭田知子氏共著の論文[2]がある。これらの文献との関連を保ちながら，本稿では弥生時代の鉄器生産開始期の問題として鉄斧と鉄戈の材質と製法を，古墳時代の鉄器生産の発展では出土刀剣を通してみた鍛造技術の水準を，さらに古墳時代の後期に始まったといわれる砂鉄製錬法をとり上げて，古代日本における製鉄の起源と発展を概観してみたい。

2 弥生時代における鉄器生産の技術

この時代の鉄器の形態や分布については川越哲志氏の総括的解説[3]があり，一方，九州北部を中心とする発掘調査の結果は，橋口達也氏によって本誌別掲の論文のようにまとめられている。それによると鉇，鏃，小刀子などの小型鉄器は，製作途中の未製品が多く発見されることなどから，生産開始時期は弥生前期後半にまで遡る可能性が出てきている。しかし鉄器の素材は大陸や半島からの舶載品と考えられるので，生産技術を知るには，列島に独自の形態をもつ鉄器について検討しなければならない。

(1) 鉄斧と鉄戈

鉄斧には，まず舶載されたことが明確な鋳造鉄斧がある。これは弥生時代から古墳時代にかけて伝わり，表 1―①～③に示した分析例からも，鉱石を製錬して得た鋳鉄であることがわかる。これに対して鍛造鉄斧には3種あり，図1に示すように（イ）は心金を皮金で包んで上方に袋部を形成

表 1 鉄斧と鉄戈の分析例*

番号	鉄器種類	出土地	推定年代	試料鉄質	C	P	S	Cu	Mn	Si	Ti	T.Fe	組織
1	鉄斧(鋳造)	兵庫県会下山遺跡	弥生後期	健全	3.75 4.05	0.079	0.069	0.0254	0.0154	0.32	0.12	95.50	白鋳鉄
2	〃	岡山県金蔵山古墳	古墳中期	〃	3.96	0.095	0.019	—	0.06	1.36	tr	—	〃
3	〃	三重県わき塚1号墳	〃	〃	4.28	0.21	0.15	—	0.03	0.05	<0.001	—	〃
4	鉄斧(鍛造)	朝鮮公州土壙	4C以前	〃	0.32	0.006	0.002	0.005	0.02	0.06	0.002	—	低，高炭素鋼の複合
5	鉄 戈	福岡県門田24号甕棺	弥生中期	錆化	(0.28 0.53)	—	—	—	—	—	—	—	

* 調査者は 1) 長谷川熊彦氏，2) 森田志郎氏，3) 村上英之助氏，5) 大澤正己氏。

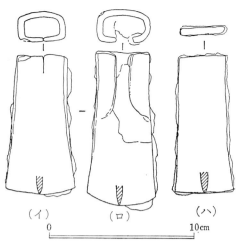
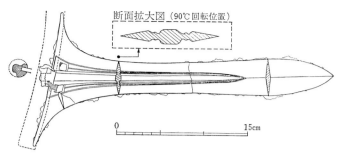

図2 鉄戈（有樋）の例（福岡県春日市門田遺跡24号甕棺出土）

図1 各種の鍛造鉄斧（概念図）
イ・ロ：有袋式鉄斧（前者は舶載品と推定）
ハ：板状鉄斧

し，皮金の封筒状の合わせ目は完全に密着している。これは舶載品と考えられている。（ロ）は板状の素材の端を折り曲げて袋部が形成されており，図に見られるように曲げた端部は接合していない。当然のことながら心金は存在しない。（ハ）は板状鉄斧と呼ばれるもので，長方形の鉄板の一方に刃を付けたものである。有袋鉄斧（ロ）に先立って生産されたのではないかという見方もある。図2は鉄戈の例で，これは九州北部に集中的に出土し，形態と構造の面で大陸や半島に類形品が見出されず，弥生中期後半に北九州で生産したものと考えられている。

（2）鍛造鉄斧の材質と製法

袋部に密着面のない鉄斧（ロ）も板状鉄斧（ハ）も舶載された素材を加工したとみられるので，半島南部で出土した分類（イ）に相当する鉄斧の調査例[4]を引用して，材質と製法を検討してみよう。この鉄斧は時代はやや下るが，韓国の公州の土壙（4世紀以前）から出土したといわれるもので，写真1は刃部に平行な縦割断面のマクロエッチング組織である。心金は断面が約5×10 cmの長方形で，厚みは上方で2 cm前後と推定され，刃部方向に行くにしたがい薄くなっている。皮金の袋部での厚さは6～7 mmあるので，心金を最初10 mm厚位の板状素材で封筒状に包み，加熱・鍛打して密着させたものと思われる。

問題は心金の作り方で，表1の④に示す化学組成の炭素量は0.32％であり，単純に軟鋼と判断しかねないが，断面のエッチング組織を調べた結

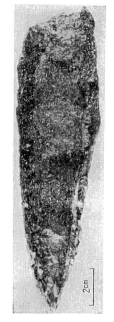

C：高炭素領域（黒色部），V：空隙

写真1 鍛造鉄斧の側面外観と断面マクロエッチング組織[4]

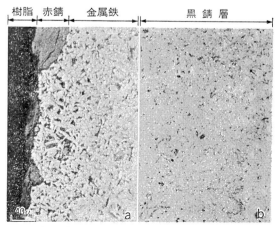

写真2 鍛造鉄斧の皮金と鉄戈の錆片の組織の比較
a：鍛造鉄斧皮金のミクロエッチング組織（白色の結晶粒はフェライト，間隙の灰色部はパーライト）
b：鉄戈の黒錆層（やや暗い灰色部がもとのパーライト）

果から，炭素量 0.7～0.8％ の粒状の鋼（それは写真1の島状の黒灰色部で示される）に，炭素量 0.2％前後の軟鋼（同様に白色部分）をおそらく片状にして混合し，加熱・鍛打をくり返して成形したものと推定される。これより高炭素鋼の素材と低炭素鋼の素材から出発して，加工性のよい，かつ硬軟の性質を合わせもった複合材が作られていたことがわかる。

皮金は心金のようなブロック状の複合素材が薄く延ばされたものなので，軟鋼の地の中にパンケーキ状の高炭素鋼域が分散した組織になる。ミクロエッチング組織を示したのが写真2－aで，白色の結晶粒がフェライトであり，粒間に黒灰色のパーライトがわずかに見られる。平均炭素量は 0.2％ 弱と推定され，容易に鍛造できる軟かさである。

列島内の製作と考えられる有袋鉄斧もまた，上述のような板状の複合素材から出発したのではないだろうか。橋口達也氏は赤井手遺跡の工房跡から発掘されたいろいろな製作段階の未成品を整理し，製作工程を復原している。それによると，板状の素材の短辺の一方にまず刃部を作り，ついで反対側の端部を左右に延ばしてから，内側に丸めて袋部を形成し成品とする。ここで鋭利な刃を付けようとすれば刃部に焼き入れを施さなければならないが，この種の鉄斧がもし実用品であるならば，やはり焼き入れは行なわれたと考えざるを得ない。

（3） 有樋鉄戈の材質

図2には福岡県門田24号甕棺墓から出土した有樋鉄戈を示した。表面錆が大澤正己氏によって分析され，表1－⑤のように炭素量として 0.28，0.53％ が得られている。しかしこの分析値は，鉄成品の錆びが進む過程でセメンタイト（Fe_3C）や黒鉛化炭素が分解したり，逆に錆層の中に周囲の有機物を取り込んだりするため，信頼性が高いものではない。そこで改めて残る錆試料のミクロ組織を調べたのが，写真2－bである。黒錆層にはもとのフェライト結晶粒を示す組織（微小な黒点を結ぶともとの粒界が推定できる）が残っていて，同じ写真2－aの鉄斧皮金のミクロエッチング組織に似た，フェライトに富む組織であることがわかる。この鉄戈は二筋樋という複雑な構造から鋳造品の疑いも出されていたが，やはり鍛成品であり，少なくとも棟の部分は軟かい鋼であったからこそ，二筋の樋を削ることもできたものと思われる。

それでは鉄戈に鋭利な刃はなかったのであろうか。今後の調査に待たなければならないが，もし錆層中にもとの炭素量が高い（たとえば0.5～0.6％の）組織が残されているのが確認されると，刃部に高炭素鋼を配した合わせ鍛えの可能性も出てくるであろう。

以上，列島内での生産が明確な有袋鉄斧と有樋鉄戈をとり上げて，弥生時代の鉄器生産技術を検討してみた。研究資料に乏しいのでその技術のごく一部を推察し得るにすぎないが，鍛造技術に関する限り（もちろん九州北部に限定されるであろうが），半島西南部に比べて著しい遅れがあったようには思われない。やはり列島内では鉄器使用の最初から鋳造品と鍛造品が持ち込まれ，比較的早く搬入鉄素材の加工技術が定着して，小型鉄器から鉄斧，鉄戈の生産へと進んで行ったのではあるまいか。

3 古墳時代の出土鉄器にみられる鍛造技術の進歩と鋼製造法の芽生え

古墳時代に入って厖大な数の鉄器が埋納されるが，一方そのお蔭で当時の鉄器生産技術を知ることもできる。しかし成品の流通を考慮すると，それは東北アジアという広い地域で見なければならず，列島内での鉄器生産の実体を把握することは非常に難かしくなる。まず直刀を例に挙げて検討

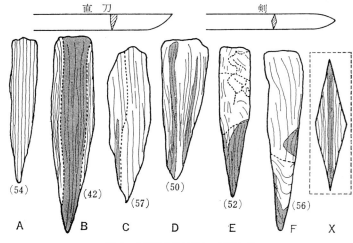

図3 古墳出土刀剣断面の鍛造組織
括弧内数字：俵国一氏試料番号　網部：炭素量0.5％以上

してみよう。

(1) 古墳出土直刀にみる鍛造技術

俵国一氏[5]が調査した直刀の鍛造組織を分類（短寸のものは除く）してみたのが，図3である。ここでは仮にA～Fの記号を付した。Aは低炭素鋼と高炭素鋼（刃金鋼として使用）とを鍛接し，何回となく折り返した組織を示している。刃部には鋭利な刃が見られない（切先は未調査）ので，儀仗用の大刀と考えられる。Bは高炭素の刃金鋼を心金に，その両側にはよく折り返した皮金を鍛接してある。Cは刃金鋼を軟鋼に挟み込んだ構造，Dはそれを2枚挟み込んで刃部において合わせたものと思われる。Eは硬軟鍛接してよく折り返し，これを刃部として軟鋼の棟金に鍛着し，素延べしたものであろう。Fは硬軟鍛接したものを折り返してから，軟鋼の心金に捲いて造刀したと考えられる。

その後の調査例をみると，Aには米倉刀（千葉県十日市場市米倉古墳），Dに神崎刀（同じく神崎古墳），Fに金鑽刀（埼玉県児玉町金鑽神社古墳）が分類され，新しい構造のものはまだ見出されていない。

(2) 直刀などの武器に使用された鉄素材の組成

このように直刀を通してみると，鍛造技術は弥生時代に比べて飛躍的に進歩していることがわかる。それでは使用された鉄地金の組成はどのようなものであろうか。

健全な鉄器の分析値を拾い出して，チタン（Ti），りん（P），銅（Cu）の含有量の頻度分布を調べて

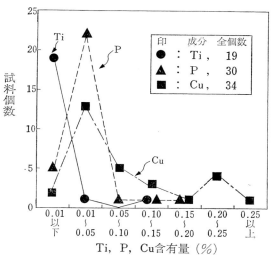

図4 健全な鍛造鉄器試料中の標識成分含有量分布

表2 古墳出土鉄鎌の化学組成*（％）

T.Fe	C	P	S	Cu	Mn	Ti
58.34	(1.36)	0.038	0.064	0.04	0.01	0.012

* 奈良県慈恩寺2号墳，錆化品，清永欣吾氏による。

みよう。図4がその結果である。合計34例の中に鉄鋌を9例入れてあるが，これは鉄鋌が鉄器の素材として使われたという考え方に沿ったものである。チタン含有量が0.1％を越えるような例はわずか1件にすぎない。大部分が鉄鉱石の可能性が強く，中でもりんや銅が0.1％以上あるのは磁鉄鉱が原料と考えてよいであろう。

比較のために民需の鉄器として鉄鎌の分析例を表2に示した。錆びた鉄器なのでチタンと鉄の比をとってみると，わずか0.04％にすぎず，やはり鉄鉱石が原料である。

このように古墳出土の鉄器は，砂鉄ではなく鉄鉱石を原料とした鋼が素材である。しかも素材だけでなく，成品鉄器自体が列島内に持ち込まれた可能性も考慮に入れなければならない。それゆえ国内生産が確実な鉄器で，技術的な検討を行なう必要がある。

(3) 銘文鉄剣の製法

有名な稲荷山鉄剣は，銘文にある"辛亥"の紀年から，471年に当時の倭国で製作されたとするのが通説である。さきたま資料館に展示されている鉄剣をよく観察すると，一部皮金が剝落した個所で比較的健全な心金が見え，合わせ鍛えの構造が推察される。筆者は，本誌別掲の論文で述べたように，銘文の"多加披"の近くで採取された錆片を調査する機会を得たが，もとの地金の化学組成と非金属介在物の組成が大和6号墳出土の鉄鋌や他の直刀の場合に近いので，使用された鉄素材は同じものと推定した。さらに黒錆層に残る組織から，錆片が採取された部分のもとの鋼は，炭素量が0.2～0.3％で，強い焼き入れが施されていない，象嵌の容易な軟鋼と考えた。もし銘文にあるように"利刀"だとすれば，剣身全体を焼き入れずに刃部に鋭利な刃を付けるためには，心金には炭素量が0.5～0.6％以上の鋼を使う必要がある。それは800℃付近からの放冷によってもかなり高い硬度が得られるからである。このような考察をもとに鉄剣の鍛接構造を推定したのが，図3のXである。剣と直刀の違いはあるが，心金に高炭素鋼，皮金に低炭素鋼という構造は，分類のB

17

と基本的に同じであることがわかる。

一方，同じ雄略の時代の作と考えられている江田船山の直刀は，刀背に銘文が象嵌されており，製刀の材料と方法を説明した"用大鋳釜并四尺廷刀，八十練，六十捃，三寸上好□刀[6]"という技術的に重要な文章がある。これにはいろいろな解釈もなされているが，最初の句は原材料を示していて，鋳鉄製の大きな釜と長さ四尺の延べ刀を用いたと解して間違いないであろう。延べ刀はおそらく図3にあるような，儀仗用の，軟鋼を主体とした長寸の直刀と思われる。問題は前者の鋳鉄製の釜で，これは刃金用の高炭素鋼をつくるための原材料にしたのではあるまいか。そうだとすれば，この釜を壊して適当な大きさに破砕し，何らかの処理を行なって鍛造可能な程度まで炭素を低減したことが考えられる。"八十練"は八十回の折り返しを意味するので，その鍛錬過程で炭素量はさらに減り，刃金鋼として適当なレベルまで下がったものと思われる。硬軟2種の素材を使って製刀するのに，刀背には象嵌しやすい軟鋼を配置しなければならないので，構造としては図3の分類C〜Fのどれもが当てはまる。構造を特定することは本稿の目的ではないので，ここでは江田船山の直刀が合わせ鍛えの技法で作られたという考察にとどめたい。

以上，二振りの銘文鉄剣の製作法につき推理を重ねて検討してきたが，結論的には図3に示したような直刀の製作技術が国内にあったと考えたい。しかしながら古墳に埋納された幾十万振の鉄刀剣がどの程度国内で生産されたものなのか，これはまた別の立場から検討すべき重要な問題である。

(4) "銑卸し法"の芽生え

前述のごとく江田船山銘文中の"用大鋳釜"は，鋳鉄を原料に脱炭処理を行なったものと考えた。しかし直接に刃金用の高炭素鋼を製造するのではなく，"八十練"という古式の鍛錬法によって刃金鋼を得ている。したがってここではまず後世における銑卸し法の左下のような操作（火窪の中に銑鉄塊と木炭を装入し羽口から送風して溶解・脱炭する）により，可鍛性となる領域（炭素量1.6〜1.7%）まで鉄中の炭素を下げたのではないかと思われる。

それでは銑卸し法の第二段階である本場（左下

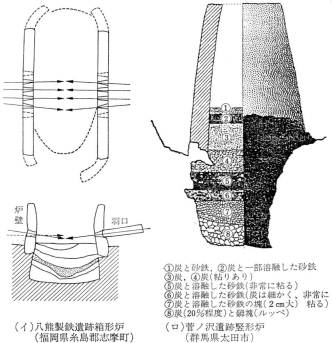

図5 箱形と竪形の製鉄炉復原図

(イ)八熊製鉄遺跡箱形炉
（福岡県糸島郡志摩町）

(ロ)菅ノ沢遺跡竪形炉
（群馬県太田市）

①炭と砂鉄，②炭と一部溶融した砂鉄
③炭，④炭（粘りあり）
⑤炭と溶融した砂鉄（非常に粘る）
⑥炭と溶融した砂鉄（炭は細かく，非常に粘る）
⑦炭と溶融した砂鉄の塊（2cm大）
⑧炭（20％程度）と鉧塊（ルッペ）

表3 "卸し鉄"を使用したと思われる直刀の化学組成（%）*

鉄　質	C	P	Cu	Mn	Ti
健　全	0.15	0.116	0.02	0.028	0.14

* 茨城県大国村，和島誠一氏による。

鉄を木炭と一緒に処理して鋼とする）に相当した処理法が古墳時代にあったのだろうか。その証拠となるような一つの分析例が，表3に示す直刀の組成である。この試料は健全な鉄器であり，埋納環境下での化学成分の汚染はないので，りんの0.116%という高い値から原料は磁鉄鉱と考えてよい。一方チタン含有量の0.14%は，鋼製造過程で砂鉄の使用（おそらく脱炭を進めるための酸化材として添加）を示唆している。磁鉄鉱を製錬して得た舶載品の鋳鉄から出発して，何らかの方法で脱炭して鋼とする技術があったことはほぼ間違いないであろう。大澤正己氏の研究による"古墳供献鉄滓"の中に，脱炭処理過程で生成する鍛冶滓があることも，それを裏書きしている。

4 鉄生産の開始と砂鉄製錬技術の進歩

(1) 製鉄遺跡と製鉄炉

現在知られている最古の製鉄遺跡は岡山県久米町の大蔵池南遺跡で，時代は6世紀末と推定され

ている。一方，"古墳供献鉄滓"が鍛冶滓から製錬滓に変るのは6世紀後半であるとされ（大澤正己氏による別掲の論文を参照），鉄生産の開始時期については，二方面からの調査結果がよく一致している。もちろん今後の調査によってこれが繰り上げられる可能性も十分に残されている。

さて製鉄遺跡の発掘調査が進むにつれて，わが国における古代の製鉄炉には，大別して2形式があることがわかってきた。その分布と特徴は別掲土佐雅彦氏の論文に詳述されているので，ここでは導入をはかる意味で2種の炉の復原図を引用して，簡単に説明しておきたい。

図5の(イ)は箱形炉の例で，大きさは長辺1.2 m前後，短辺0.6～0.7mのものが多いようである。粘土と砂で作られた炉壁は壊されており，正確な炉高は判っていない。日本に特有の型であるが，国内での分布は西日本に多い。(ロ)の竪形炉は古代世界には共通して見られるもので，わが国では段丘の傾斜面をくり抜いて築造されるのが普通である。炉下部は隅丸方形で辺長は50～60cm，炉高は1.2m前後が多いとされている。北陸から関東にかけて分布する。

さて製鉄炉の構造が明らかになるにつれて，この炉からの製錬産物が銑，鉧のいずれなのか，あるいは両者の混合物なのか，ということが問題として浮かび上がってきた。

写真3は埼玉県川口市猿貝北遺跡（10世紀と推定）の鉄滓が堆積した中から発掘された重さ約45 kgの鉄塊の断面組織を示したものである。鉄塊の平面形状は竪形炉の炉下部断面とほぼ同様であった。東京工業大学製鉄史研究会で調査した結果[7]，還元が進んで金属化した鉄の層がスラグと交互に3層あり，炉の通風口の近くで金属鉄層の先端は溶着し，そこでは黒鉛を析出した銑鉄の組織になっていることがわかった。しかし少し内部に入ると炭素量の急激な減少が見られ，炉の背面側では浸炭の少ない海綿鉄の状態にあるのが観察された。これらの事実から竪形炉の下部では，少なくとも通風口の近傍では溶融状態の銑鉄が生成していたと考えられる。この鉄塊は，何らかの理由で操業を中断し，炉から取り出して排棄されたものであろう。

新潟県豊浦町製鉄遺跡（平安中期）で発見された鉄塊は10，20kgの2個で，表4に示した化学組成から判るように，スラグ成分を代表するけい素の分析値は0.05，0.02%ときわめて低く，製錬産物とみてもよいほどの品質である。炭素含有量は1.39，2.73%であるが，組織観察も行なって，炭素量のばらつきの多い，銑と鉧の混合物ともいうべき鉄塊であることが示されている。しかし，これを二次製錬産物とする見解も同じ報告書に述べられており，また放置されたような状態にあったことなどから，竪形炉からの製品とするにはなお不確実な点が残っている。

以上の二つの製鉄遺跡で発掘された鉄塊から，通常の竪形炉では炉下部の通風口（羽口を使った送風口の可能性もある）付近で溶けた銑鉄の生成が見られるが，それは一部に止まり，銑と鉧とが混合した製錬産物が得られたのではないかと推察される。そして真木山遺跡の鉄塊が竪形炉からの一次産物であるとすれば，残留スラグ分の少ない，重量20kg程度のものが，平安中期にはつくられていたことが考えられる。

（2）製錬産物からの鋼の製造法

炭素含有量の高い製錬産物から鋼を製造するためには，溶融もしくは半溶融状態で鉄中の炭素を酸化し，炭素量を下げなければならない。この精錬操作を行なった炉が，製鉄炉に近い住居跡から発見されることが多い。それは地面を掘りくぼめ

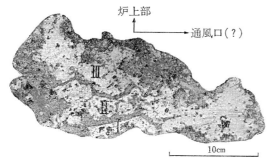

写真3 竪形炉下部に生成したと思われる大鉄塊の縦割り断面の組織[8]
白色部：メタル層（Ⅰ～Ⅲの3枚の層がある）
黒色部：スラグと空隙

表4 真木山製鉄遺跡*から出土した鉄塊の化学組成（%）

鉄塊	C	P	S	Cu	Mn	Ni	Cr	V	Zn	Al	Si	Ti
1	1.39	0.020	0.009	0.004	tr	0.05	0.03	0.02	0.004	0.03	0.05	0.05
2	2.73	0.118	0.016	0.02	tr	——	0.02	0.03	0.005	tr	0.02	0.002

* 新潟県北蒲原郡豊浦町真木山B遺跡

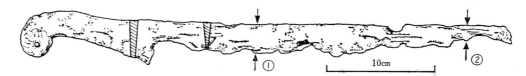

図6 蕨手刀の出土例（岩手県花巻市熊堂，石井昌国氏蔵）

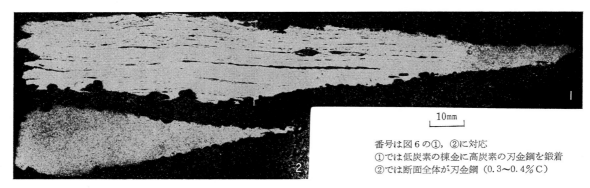

番号は図6の①，②に対応
①では低炭素の棟金に高炭素の刃金鋼を鍛着
②では断面全体が刃金鋼（0.3〜0.4％C）

写真4 蕨手刀の断面のマクロエッチング組織

て作った円形の炉（直径数10cm）で，近くには炉の底面の形状を示す半球状の鉄滓がしばしば見出される。これは芹沢正雄氏によって椀形滓と名付けられ，研究が進んだ結果多くのものが精錬滓であることが判ってきた。一方，出土鉄器の中の非金属介在物の組成から，精錬過程で脱炭材と石灰質造滓材の使用も推定（別掲の筆者の論文を参照）されており，精錬滓と精錬炉の包括的な研究は，重要な課題になりつつある。

（3） 蕨手刀にみる鍛造技術

蕨手刀は東北北部に集中して出土する比較的短寸の彎刀で，柄の作りに特徴があり，大陸や半島にも類例がなく，わが国で独自に発生し，日本刀へと発展して行ったものの祖形と考えられている。時代的には8世紀代を中心にしており，蝦夷型横穴墳に埋納されていることが多い。本誌別掲の高橋信雄・赤沼英男氏共著の論文でも取り上げられているので，ここでは1例を挙げて蕨手刀の鍛造技術を検討してみたい。

写真4に示すのは岩手県花巻市熊堂から出土した錆びの進んだ蕨手刀（石井昌国氏蔵）で，2個所で薄く切断し，中心に残っている金属鉄部分の断面を研磨してエッチング組織を調べた。刀身中央部①は炭素量が0.2％以下の軟鋼で，いく筋かの鍛接線があって折り返し鍛錬の行なわれたことが明瞭である。しかし前述の古墳出土直刀のような高炭素鋼と低炭素鋼の整然とした互層構造は見られず，また介在物も多い"汚ない"地金である。刃部には炭素量のやや高い鋼が鍛着されている。一方，切先部②では錆びが進んでもとの断面の形はわからないが，残っている金属鉄の部分全体が炭素量0.4％程度の鋼となっており，中央部②の刃部と同じ地金でつながっているのではないかと思われる。

以上の観察結果から，この蕨手刀は棟部に折り返した軟鋼を用い，刀身の刃部と切先部にはそれよりも炭素量の高い鋼を配して鍛着し，造刀したことがわかる。図3の直刀の鍛造組織と対比すれば分類Eに近いが，技術的にはかなり低い水準にあるといわざるを得ない。なお介在物はチタン化合物を析出した，含カルシウム（Ca）のガラス質

表5 9〜10世紀北関東出土鉄器の化学組成

鉄器	出土地（茨城県）	状態	化 学 成 分 （％）						
			C	P	Cu	Mn	Ti	Si	T.Fe
釘	日向遺跡	健全	0.19	—	—	—	0.095	0.04	
〃	尾崎前山	錆化	—	—	0.019	0.007	0.082	1.15	
〃	（法隆寺）*	健全	0.18	0.026	0.010	tr	0.020	0.050	
小刀子	鹿の子C	錆化	—	0.042	0.011	0.003	0.026	—	60.52
鏃	〃	〃	—	0.042	0.013	0.004	0.036	—	59.63
挂甲小札	〃	〃	—	0.048	0.011	0.006	0.050	—	63.39

* 堀川一男・梅沢義信氏による。

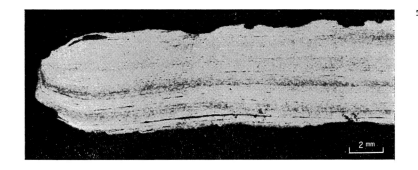

写真 5 鉄釘のマクロエッチング組織
　　　（日向遺跡出土）
灰色帯状の層は炭素量が約 0.6％，
白色の層は 0.1～0.2％

珪酸塩であって，その珪酸塩の組成は古墳出土の直刀の介在物と同様であり，鋼製造法の共通性がうかがわれる。

（4） 9～10 世紀の北関東出土鉄器

関東地方では製鉄炉跡の調査から，8世紀に入って製鉄が開始され，9～10世紀には盛行をきわめる（詳しくは別掲の穴沢義功氏の論文を参照されたい）。そして住居跡から発掘された鉄釘の組成も，砂鉄の使用を裏付けている[8]。その例を表5に見てみよう。茨城県尾崎前山の鉄釘は錆化したものであるが，鉄含有量を60％と仮定して Ti/Fe を求めると 0.1％ を越す値になるので，砂鉄を使用したと考えてよい。日向遺跡の試料は健全であり，これを鉱石が原料と推定されている法隆寺（金堂）の鉄釘に比較すれば，0.095％ というチタン含有量の高さは明瞭である。一方，マクロエッチング組織を示すと，写真5のようであり，低炭素と高炭素の互層構造が繰り返されていて，層の数から少なくとも5回の折り返しが推定される。法隆寺の釘と同様，非常に丁寧な造りである。

これに対して，同時代の鹿の子C遺跡[9]の工房跡から出土した小刀子，鏃，挂甲小札はどうであろうか。Ti/Fe を求めるとそれぞれ 0.04，0.06，0.08％ になり，錆化した試料であることを考慮するならば鉱石が原料と見なければならない。これは一体何を意味するのであろうか。

鹿の子C遺跡は常陸国の国府があった地域で，官衙の工房跡と考えられている。もしそうだとすればこれらの鉄器は京から持ち込まれたものなのかも知れない。当時はまだ高級な鉄製品に砂鉄製錬の地金を使用できるほど，製鉄技術が発達していなかったのであろう。平安中期のいわゆる古刀（日本刀）が生まれるまでには，まだまだ多くの技術的段階を経てきたのではあるまいか。

5 おわりに

以上，自然科学的研究の成果にもとづいて，舶載の鉄素材を使った鍛造鉄器の生産に始まり，同じく舶載された鋳鉄製品（もしくは銑鉄）からの鋼の製造を経て，砂鉄を原料にした製鉄へと進んできた過程を概括した。砂鉄製錬による地金の使用は，高級鉄製品では10世紀以降になることも考えられ，製錬技術の発展の過程が今後の研究によって明確になることが期待される。

　註
1) 潮見　浩『東北アジアの初期鉄器文化』吉川弘文館，1982
2) 森　浩一・炭田知子「考古学から見た鉄」森浩一編『鉄』，社会思想社，1974
3) 川越哲志「金属器の普及と性格」大塚初重ほか編『日本考古学を学ぶ（2）』有斐閣，1979
4) 佐々木稔・大槻　孝・村田朋美・稲本　勇・佐藤栄次・伊藤　叡「古刀，古斧の金属学的研究」たたら研究，24，1981
5) 俵　国一『日本刀の科学的研究』日立印刷，1982
6) 亀井正道「船山古墳と銀象嵌大刀」MUSEUM，340，1979
7) 高塚秀治ほか「埼玉県出土の鉄滓と鉄塊」埼玉県埋蔵文化財調査団『埼玉県研究紀要―1983』
8) 東京工業大学製鉄史研究会『古代日本の鉄と社会』平凡社，1982
9) 茨城県教育財団『鹿の子C遺跡―遺構・遺物編（下）』p.773，1983

特集● 古代日本の鉄を科学する

鉄器の変遷と分析

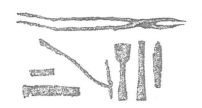

鉄器の国内生産がいつまでさかのぼるかは大きな問題であるが，弥生時代，古墳時代と鉄器はどう変遷し，分析されるだろうか

弥生文化と鉄／古墳出土鉄器の材質と地金の製法／古墳供献鉄滓からみた製鉄の開始時期

弥生文化と鉄

福岡県教育委員会
橋口 達也
(はしぐち・たつや)

弥生文化成立当初より存在する鉄斧などの舶載工具に対し，鉇・鏃・刀子などの小鉄器は前期末からすでに国内生産に入っていた

1 はじめに

「弥生文化と鉄」というテーマで，弥生時代における鉄器の編年と波及を中心点として，北部九州出土の弥生時代の鉄器，朝鮮半島の鉄器との関連，弥生文化の中での鉄器の位置などについて述べよというのが，私に与えられた執筆の要点である。なるだけこの要望に沿う形で弥生時代の鉄器について概略をみていこう[1,2]。

2 弥生時代の鉄器

(1) 弥生時代の鉄器の種類

弥生時代には鉄斧・鉇，刀子などの工具，鉄戈・鉄剣・鉄矛・鉄刀・鏃などの武器，手鎌・鎌・鍬先・鋤先などの農具など多様な鉄器が存在している。このうち鉄斧の大形のものは伐採斧であることは確実であるが，手斧形に着柄して，まさしく手斧として使用する場合と，同様の着柄法で手鍬として土掘具に使用していることが掘削痕から判明している。また山いも掘棒様の着柄法を行ない土掘具として使用しており，用途の多様な鉄器といえる。また鎌は収穫具としては弥生時代の終末頃に出現するが，これとは別に中期後半頃に長さ25cmほどで厚みのある大形の鎌が存在する。これは石鎌から発展したもので，鉈鎌あるいは薙鎌としての用途をもち，時には鉄戈のような句兵として武器にも転化しうる鉄器であったと考える。

(2) 弥生時代における鉄器の出土状態

弥生文化はその当初から鉄器を使用していたことが熊本県斉藤山出土の鉄斧などによって証明されていた。最近の調査では，板付遺跡，斉藤山遺跡などの現在まで知られていた弥生時代初期の遺跡よりさらに古い段階に，佐賀県唐津市菜畑遺跡，福岡県二丈町曲り田遺跡などで，炭化米・磨製石器群・紡錘車などを伴い，弥生文化がさらに遡る状況が解明されつつある。福岡県二丈町曲り田遺跡では，この段階の住居跡に伴って，おそらくは板状鉄斧と思われる鉄器が出土している。この鉄器は鉄鉱石原料の鍛造品であることが明らかにされている[3]。従来，縄文時代晩期といわれていた時期の鉄製品として貴重なものであり，現在さらに詳細な分析をお願いしている。

以上の他に鉄斧は中期前半にもいくらか知られており，中期後半以後には広く普及している。

鉇は前期末には出現しており，中期後半以後には広く普及する。

鉄鏃は確実なものとして中期中頃のものが知られているが，磨製石鏃との関連から，鉇と同様，前期末までは遡るものと考えられる。中期後半からは量をまし，後期になると大形化の傾向を生

じ，さらに普及している。

中期中頃には日本特有の武器である鉄戈が出現する。祖形は細形銅戈であることは明らかであるが，銅戈などが鉄製武器の出現によって長大化し，実用品からはなれ，祭祀品化されるのに伴い，鉄戈も長大化し次第にすたれていく。中期後半頃に盛行し，後期の初頭まで残っているが，その後はみられない。

鉄戈とほぼ同時期に，鉄剣・鉄矛などの武器は出現しているが，鉄刀はやや遅れるといえよう。鉄戈はわが国でしかみられない形態の武器で，国産品であることは確実である。鉄剣・鉄矛はいずれともいい難く，鉄刀・刀子は素環頭のものは明らかに舶載品であろう。

農具はこれまで，中期末〜後期初頭頃に出現すると考えられてきた。しかしながら近年の調査成果からいえば，いずれも後期後半〜終末頃に出現するものといえよう。ほぼすべての石器が鉄器化され，石器がほとんどみられなくなった後期の段階でも，穂摘具としての石包丁は確実に後期終末まで存在している。ということは穂摘具の鉄器化が遅れていたことを示しているのである。ようやく後期終末になって穂摘具としての石包丁が鉄器化して手鎌となり，ほぼ同時期に収穫具としての刈鎌が出現している。鍬先・鋤先も後期後半〜終末頃に出現しているのが現状である。

（3）鉄器生産の開始

弥生文化成立当初より存在する鉄斧などの工具は当然舶載品であり，これが中期前半までの段階は主体を占めていたことは明らかである。ところで鉇などは前期末に出現し，同時に不明鉄器とされる不定形の鉄片がみられる。私はこの不定形の鉄片を鉄素材と考えて，前期末から鉇・鏃・刀子などの小鉄器の国内生産が開始されるとした。鉄斧には板状鉄斧と袋斧がある。袋斧は鉄片の一端の両側を折りまげて袋部をつくるものであるが，このつくり方が朝鮮などで出土するものは方形または長方形を呈し，折り返しの接合面が密着しており，一見鋳造品とみちがえるような形態を示している。日本出土のものもこのような形態のものは舶載品と考えられる。

これに比し，袋部が円または長円形を呈し，かつ折り返し部が密着せずはなれているものは国内で生産されたものと考えられる。中期前半に属すると考えられる福岡県太宰府市吉ヶ浦遺跡出土の

鉄斧にはこの両者があり，このことから中期前半には確実に鉄斧の国内生産が行なわれており，さらに遡る可能性があるとした。

このように鉇・鏃・鉄斧などの国内生産を前期末あるいは中期前半におくことには，いずれも大陸側に類品があるので現段階ではいましばらく検討の必要があるという疑義が小田富士雄氏らから呈されている。たしかに鉇・斧などは中国あるいは朝鮮に祖形となるものが存在することは確実であり，舶載されたものがあったことは否定できない。しかしながら先に述べた不明鉄器とされる不定形の鉄片つまり鉄素材が前期末より存在することに注目して，鉇・鏃・刀子などの小鉄器の生産は前期末に開始されるとした。近年，福岡県春日市赤井手遺跡において中期末・後期前半の鍛冶工房跡が調査され，鉄素材・未製品・製品が多量に出土した。これらの鉄素材には棒状・板状・不定形のものがあって，これまで不明鉄器とされてきたものと同様なものであり，前述の前期末の不定形の鉄片が鉄素材であることを裏づけた。

赤井手ではまた，袋斧の未製品の各工程のものが出土しており，鉄板の一端の両側を折りまげて袋部をつくる工程がわかる。板状鉄斧は中期初頭・前半のものが若干知られているが，袋斧の製作は赤井手例からすると，技術的には単に板状鉄斧の一端の両側を折り返すとできあがるものであって，このことからも中期前半に鉄斧の国内生産が始まっていたことは確実といえる。

北部九州では中期後半以後には工具・武器を中心として鉄器が急速に普及していることはさきにのべた。中期後半は楽浪郡設置以後の時期にあたり，前漢後半頃に相当すると考える。漢の武帝の鉄の専売制と，大規模な外征とも相俟って，前漢後半には中国の周辺部に漢文化が波及し，鉄器も急速に普及していく。北部九州では鉄戈に示されるように，わが国特有の鉄器を作り出すに至る発展も独自に進行していたが，鉄器の急速な普及は前述のごとく，東アジア全体の動向とも決して無関係ならのではなかった。

（4）鉄生産の開始

鉄器の国内生産が前期末に開始されたとはいえ，これらの原料鉄は当初は全面的に朝鮮南部からの移入にたよっていたものと考えられる。しかしながら鉄器を製作できるようになると，原料鉄獲得のために鉄生産への努力も大いに試みられたこと

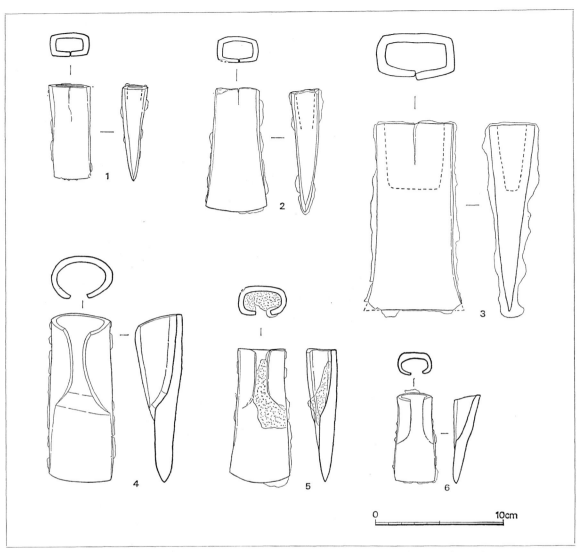

図 1 舶載品と思われる鉄斧（1：福岡県スダレ　2：福岡県吉ケ浦　3：長崎県対馬佐保浦赤崎）
と国産と思われる鉄斧（4：佐賀県千塔山　5：福岡県吉ケ浦　6：福岡県亀の甲）

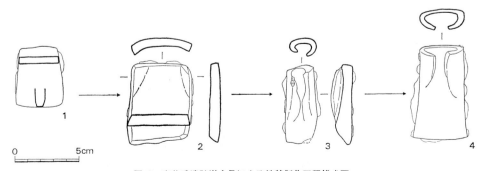

図 2　赤井手遺跡出土品による鉄斧製作工程模式図
（1：64号住居跡出土　2：A地点西斜面出土　3：5号土壙出土　4：溝2出土）

は疑う余地がない。北部九州での中期後半以後の急速な鉄器の普及，後期以後の全国的な鉄器の普及は当然のこととして各地での小規模な鉄生産を伴うものと考えられてきた。

しかしながら弥生時代の製鉄遺構は未だ調査して確実におさえられたものはない。佐々木稔・大澤正己氏らによる鉄器の分析では鉄鉱石原料のものが多く，彼らは弥生時代における鉄生産には否定的である。しかし，私は赤井手遺跡出土の鉄片・鉄塊のなかに沸いた状態，つまり溶融してしずく状にたれたものがあることから，鉄を溶融するまでの高熱を出せる技術段階に達していることに注目したい。この高熱状態を長時間保てるならば製鉄は可能となる。北部九州における中期後半以後の鉄器の普及の度合からみても，この頃までは鉄生産の開始が遡り得る可能性は強いと考えている。しかしながら鉄器生産の工房跡は判明したが，製鉄遺跡は古墳時代後期以後のものしか把握されていない現状であって，この問題については今後の確実な資料の調査にまつ他はない。

3 朝鮮半島の鉄器との関連

最近の調査で大澤正己氏によって，大阪府鬼虎川遺跡出土の鉄鏃・鑿状鉄器が鋳鉄脱炭鋼であることが明らかにされているが，この例をのぞき現在のところ，舶載品と考えられるものを含めてほとんど鍛造品と分析されている。ところで弥生前期あるいは中期前半といえば，中国では戦国末から秦の統一を経て，前漢前期に相当し，朝鮮では楽浪郡設置以前と考えられる。この時期の中国・朝鮮の鉄器は鋳造品が主流を占めており，これらが舶載されるならば，日本におけるこの時期の鉄器にも鋳造品が多く出土せねばならない。しかしながら前述のようにこの時期の鉄器のほとんどが鍛造品である。何故であろうか。

朝鮮における初期鉄製品のうち，楽浪郡設置以前のものは鋳造品を主とし，中国戦国文化，とくに燕の影響を受けて鉄器使用が開始され，朝鮮での製作も開始されると考えられているが，その分布は北部を中心にしており，南部での実態は不明なところが多い。

中国戦国期における鉄器は鋳造品を主体とするが，江南地方すなわち戦国楚の領域では鍛造品が主に武器を中心として存在し，華北の鉄器文化とは明らかに異なる様相をもっている。江南の鉄器

文化は，金銀などの貴金属の鍛錬から発展し，錬鉄から始まるもので技術系列が異なるものとされている。また戦国楚とその周辺では，戦国～前漢初期に日本出土のものに比してやや幅が広めの観があるが，鉈が存在する。北方でも燕の下都44号墓から出土しており，朝鮮渭原・龍淵洞などの関係が理解しやすくなる。また金海会峴里などから出土している朝鮮特有の銅鉈に類するものが，楚およびその周辺で出土しており，戦国楚地方と朝鮮西南部との交渉があった可能性は強い。

弥生文化は水稲耕作を中心とする文化であり，これに伴う木耕具などをつくる工具として鉄器も同時にもたらされた。コメの伝播経路については諸説あるが，弥生時代のコメはすべて日本型であって印度型のものの出土はない。したがってコメは華中から華北にもたらされ，一定の訓育をうけて品種改良された日本型のコメが，山東半島・西南朝鮮を経て，当時の稲作の北限であった北部九州にもたらされたと考えるのが最も妥当である。

江南の鉄器文化もコメと同様の経路をたどって西南朝鮮にもたらされたものと考えられる。したがって朝鮮南部の初期鉄製品には鋳鉄を主とする北方系のものとは異なる要素をもつものが存在する可能性が強い。このようにみるならば，弥生前期～中期前半の鉄器のほとんどが鍛造品であることが理解しやすくなる。その後も弥生時代の鉄器は，分析の結果は，そのほとんどが鍛造品である。

4 弥生文化の中での鉄器の位置

成立当初の弥生遺跡は佐賀県唐津市宇木汲田，福岡市有田，福岡市板付などの唐津～遠賀川下流の玄界灘に面する各平野の中央部の，周囲に低湿地をひかえた微高地・低台地に位置する大遺跡と，その縁辺部に位置する小規模な遺跡とからなる。はやくも前期前半頃より各平野の低地の可耕地に集落が進出しはじめ，さらには狭隘な谷水田をひかえ，畑作も可能な低丘陵をもきり開いて進出が開始される。そして前期末の段階では遺跡の分布は当時の可耕地のほぼすべてに達した観を呈する。このような低丘陵への集落の進出状況は中期前半頃までひきつづいている。この段階までの低丘陵に進出した住居跡などの規模は低地のものと比して何らの遜色はない。ところが低丘陵へ進出した集落は中期中頃になると急激に廃棄され，跡地は墓地として使用されることが多い。このこと

25

は前段階で丘陵地帯に進出した大部分をも再び低地で生活させるに足る状況が生まれたことを示すものであろう。低地での開発は後期もひき続き行なわれたが，後期後半〜古墳時代初頭の遺跡が，平野部の調査の際には最も広範に分布しており，それほどこの時期の開発が著しいものであったことを示している。また後期の終り頃になると中期中頃に廃絶された低丘陵へ再び集落の進出がなされている。しかしこの際には低地のものに比し，住居跡の規模も小さく，数も少なく顕著な較差が見受けられる。

　弥生文化成立当初から水稲農業は一定の完成された技術体系をもっていたことはいうまでもなく，耕具類も木製ながら用途ごとの各種がそろっている。これらを作る道具として鉄器が当初は舶載品，後には国産品として登場した。この時期は前期から中期前半であって，さきに述べた谷水田をひかえた丘陵地へ集落が進出した段階であった。中期中頃以後は工具に加えて武器が石器・青銅器に変わった段階であった。武器の鉄器化が先行したことは，前段階から土地争いなどを契機とした戦闘行為がかなり激しく行なわれつづけており，より鋭利でかつ強靱な武器を必要としたことを示しているが，同時に未だ農具は前段階のものを踏襲し，鉄器化する基盤はなく，後期後半以後になるまで農具の鉄器化はまたざるを得なかった。これはさきにみた後期後半以後の集落の大規模化と増大，さらには小規模な集団の丘陵地への分村的進出という現象と対応するものであった。

　水稲農業は成立当初よりかなり高度な灌漑・排水技術を有したことは板付遺跡などで証明されているが，丘陵地に進出したものが再び低地に移った中期中頃以後，農具が鉄器化する後期後半までは，農業技術のうえではたいした発展はなかったものと考えねばならない。しかしながら低湿地の自然的条件の好転ということも考えるべきではあろうが，前期末以後にみられる青銅器などの副葬品をもつ被葬者つまり首長層の確立と，その後の土地開発・争奪をめぐるなかでの首長層の指導力強化が，いままで不可能であった広大な低湿地の灌漑・排水施設建設などの大規模な土木事業などへ，より広範な集団の動員を可能にし，また中期

後半以後の鉄器の普及によって，さらに生産力が発展し，生活も安定化したものと考えられる。

　弥生終末期における耕地の拡大と集落の増大はこの延長上にあるものと考えられるが，さらに乾田の開発という方向も生み出し，開墾土木用の鍬先の鉄器化も求められるに至った。またこの時期までなかなか一定しなかった稲の成長稔熟も，ようやく品種が安定し，石庖丁も手鎌へと鉄器化し，ほぼ時期を同じくして鉄鎌も出現し，稲の収穫法も急速に「摘む」から「刈る」へと変わり，農具も鉄器化され，すべての生産用具が鉄器化するに至った。

　弥生文化は成立当初より，数こそ少ないが，青銅器・鉄器が存在した。最初量的には石器が圧倒的に多かったが，石器は次第に青銅器化・鉄器化されていき，わが国が金属器文化へと進んだ時代であった。

　青銅器は武器および鏡・釧などが朝鮮よりもたらされ，石器にとって変わり，中期後半には確実に国内生産されている。青銅製武器の国内生産とほぼ時期を同じくして鉄製武器も出現する。鉄製武器の出現を契機に青銅製武器は大形化しはじめ，実用の武器から祭祀用へと変わっていく。これ以後，一部鋤先などに青銅器が実用されることはあるが，祭祀品・装飾品としてのみ機能したといえよう。

　これに比べ鉄器は，工具・武器・農具として常に実用品であり，石器・青銅器を量的にも次第にこえて，あるいは青銅器を祭祀品の座へと追いやり，弥生終末期にはほぼすべてのものが鉄器化された。したがって弥生時代は水稲耕作を基盤とした農耕社会であるが，別のいい方をすれば，わが国における「初期鉄器時代」と呼ぶにふさわしい。

参考文献

1) 橋口達也「初期鉄製品をめぐる二・三の問題」考古学雑誌，60—1，1974
2) 橋口達也「ふたたび初期鉄製品をめぐる二・三の問題について」日本製鉄史論集＜たたら研究会創立二十五周年記念論文集＞1983
3) 佐々木稔・村田朋美・伊藤　薫「出土鉄片の金属学的調査」福岡県教育委員会『石崎曲り田遺跡』II中巻，1984

古墳出土鉄器の材質と地金の製法

新日本製鐵第一技術研究所
佐々木 稔・村田 朋美
(ささき・みのる) (むらた・ともみ)

古墳に埋納された鉄器はほとんどが鉱石を原料にしており，鍛造品はほぼ同じ方法で製造した鋼が使われている可能性が強い

1 はじめに

4世紀から300年以上にわたって西日本，東日本の各地に造られた古墳には，一体どれだけ多くの鉄器が埋納されたものなのであろうか。その数量の推定は別として，鉄器がどのような材質であり，また鉄地金がどのような方法で製造されたのか，製鉄史にとどまらず考古学の研究者にとっても興味がもたれるところではないかと思われる。

2 自然科学的研究の必要性
――錆が進んでいる古墳埋納鉄器

古墳から発掘される鉄器の表面はかならず赤錆で覆われている。その赤錆（化学組成をFeO・OHと表わす）を落すとほぼ元の鉄器の姿が現われるが，ほとんどの場合鉄器の内部も錆が進んで黒錆（Fe_3O_4）となっている。幸い鉄質（鉄器中に残存する鉄部分を指す慣用語）が良く残っているときには，以前は錆を取り除いて研磨されることがあった。その例は口絵の写真に見られるとおりであり，研磨された鉄器は肉眼観察によって，その材質や製作法を推測することも可能である。もっとも現在では，出土したものをできるだけ原形のまま保存するという文化財保存の立場から，表面の浮き錆を落すに止まり，あとは防錆処理を施して合成樹脂が含浸される。したがって今日，研磨された鉄器を博物館，資料館などで観察し，調査できる機会はほとんどなくなってきた。

いずれにしても鉄器の保存処理の過程で発生した微小な錆片，あるいは外形の再現が不可能な小片（残欠）は，自然科学的な手法を用いない限り，もとの鉄器の材質や製法を知ることはできない。以下に述べるところは，最近ますます発展しつつある金属材料の先端的な解析技術が，こうした出土鉄器の考古学的研究に非常に役立つことを示すいくつかの具体例である。

3 化学組成から推定される古墳埋納鉄器の原料鉱石
――奈良県下出土百余点の化学分析

出土鉄器の科学的研究は旧く大正年間に俵国一氏[1]が始められ，以後和島誠一氏，長谷川熊彦氏，窪田蔵郎氏[2]らの研究が続く。そしてこれまでの数十点の調査結果では，月の輪古墳の例を除けば，砂鉄製錬を裏付けるほどのチタン（Ti）は分析されないのが大部分であり，鉱石製錬によるものと考えて鉄地金が中国大陸あるいは朝鮮半島で生産された可能性が強く指摘されてきた。

昭和57年にいたり，清永欣吾氏[3]によって奈良県下の古墳から出土した鉄製の剣，直刀，鏃など百余点の化学分析結果が発表された。これはいずれも錆と化した鉄器試料ではあるが，鉄器の種類が豊富で，古墳の年代は前期から後期まで全体にわたっており，また奈良県が当時の列島内での先進地域であるという点でも，きわめて重要な研究である。

この報告の中で清永氏は，バナジウム（V）が原料の砂鉄では高く，鉄鉱石では低いことに着目し，鉄器中のバナジウム含有量で製鉄原料の種

写真1 錆が進んで刃長方向にひび割れした直刀の例

表1 古代の製鉄に関係のある鉄鉱石と砂鉄の化学組成

No	産地	種類	T.Fe	Cu	Mn	P	S	TiO$_2$	V$_2$O$_5$
1	日本島根県吉田村	砂鉄,真砂	50.50	—	—	—	—	10.80	0.327
2	〃 広島県小好可村	〃,赤目	60.42	—	0.78	0.169	0.159	5.79	0.212
3	〃 滋賀県牧野	磁鉄鉱	40.03	—	—	0.033	0.02	—	—
4	朝鮮南部忠州	〃	55.90	0.006	—	0.042	0.13	0.38	—
5	中国山東省金岑	〃	58.88	0.276	0.17	0.111	1.61	—	—
6	〃 江蘇省利国	〃	60.90	0.65	0.26	0.026	0.03	—	—

1,2)は長谷川熊彦氏による.

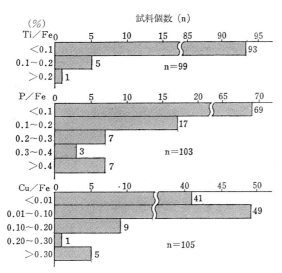

図1 各種鉄器中の化学成分比の頻度分布
(清永欣吾「奈良県下より出土した鉄刀剣の化学分析」より作図)

器表面に生成した赤錆が周囲の土砂を固着し,いちじるしい"汚染"を受けることになる。その際土砂中の砂鉄粒子(多少ともかならず混在している)も固着するので,チタンもまた"汚染"される成分の一つである。このように鉄錆試料中の含有成分を検討するときは,化学変化による濃縮,富化,固着,そして溶脱のあることを考慮しなければならない。

さて図1は標識成分の含有量の頻度分布を,ヒストグラムで表わしたものである。Ti/Fe を見ると 0.1% 以上のものが全試料 99 例のうち,わずか6例にすぎない。しかもこの6例をもって原料が砂鉄と断定するわけにはいかないのである。理由の第一は上述の土砂の固着の可能性,第二は砂鉄製錬法が未解明であるために含チタン鉱物がどのような経路で鋼中に残るのか定説がないからである。この結果からは,砂鉄製錬の地金を使用した鉄器は,仮にあったとしても精々数例にすぎないと考えるのが妥当であろう。

つぎにりんであるが,りん鉱物は磁鉄鉱(マグネタイト Fe$_3$O$_4$ が主体)に随伴することが多いが,赤鉄鉱(ヘマタイト Fe$_2$O$_3$ が主体)や砂鉄にはごく少量伴うにすぎない。鋼中のりんの含有量は製鉄法でいろいろ変わるが,それが高いものはやはり磁鉄鉱を原料にした可能性が強い。そのような観点で図1の P/Fe を見ると,0.2% 以上(この基準に厳密な意味はないが)の試料が 103 例のうち 17 例を占めている。

さらに銅についてはこの成分が輝銅鉱(CuFeS$_2$)として磁鉄鉱に伴われることを考えると,標識成分としては非常に有用である。濃縮されることも考慮して,Cu/Fe が 0.1% 以上を一応磁鉄鉱の可能性があると仮定すれば,105 例中 15 例になる。

しかしながら鉄器中のりんと銅の含有量が上述の基準以下であっても,磁鉄鉱を否定することはできない。というのは,磁鉄鉱がりんや銅の鉱物を少量しか随伴しない場合があり,また鍛造品の製作過程では素材の地金(たとえば鉄鋌のようなもの)を鍛接して用いることがあるからである。し

類の判定を試みている。しかし製鉄の最終産物である鋼に原料中のバナジウムがどれだけ残るかは,途中の処理条件が大きく影響するので,古代の製鉄法が解明されていない今日,それを確かな基準とするわけには行かない。ここでは,従来の考え方にしたがい,表1に示すように砂鉄に多いチタン,磁鉄鉱に多いりん(P)と銅(Cu)を標識成分として取り上げ,百余例の分析値を検討してみたい。

錆が進んだ試料では,もとの鉄地金の組成を考察するのに便利なように,少量成分と鉄との比をとって比較される。もちろん,これも若干の危険性があって,銅,チタン,クロム(Cr),バナジウムなどの安定な酸化物をつくる成分は,鉄分が溶け出す"溶脱"の結果として"濃縮"され,またりんや硫黄(S)などは地下の水分から供給,"富化"される可能性がある。けい素(Si),アルミニウム(Al)にいたっては,埋納環境の下で鉄

たがってりんと銅から，この百余点の鉄器の少なくとも10数％は，磁鉄鉱を原料にした鉄地金とみて間違いないであろう。

奈良県という古代の先進地域における古墳への埋納鉄器の大部分は，磁鉄鉱と赤鉄鉱のいわゆる鉱石を原料にした地金を使用していることがわかった。これは月の輪古墳の調査例を別にすれば，従来の検討結果ともよく一致する。古墳時代の埋納鉄器は国内産ではないのだろうか。つぎに稲荷山鉄剣を例にとって，この問題を考察してみたい。

4 稲荷山鉄剣の材質と製法の考察
―――錆片のミクロな解析

金象嵌された百十五文字の中に「辛亥」の紀年銘と「獲加多支鹵大王」の名があることから，この鉄剣は471年，雄略の代に国内で製作されたと考えるのが通説である。だとすればどのような素材（地金）を使い，どのような鍛造と熱処理を施したのであろうか。

この鉄剣の文字を覆っていた表面錆を取り除く作業が行なわれた際，鉄剣表側の「多加披」の付近で地鉄に接していた黒錆の少量が採取，保存された。幸いにもこの錆の採取と保存に当ってこられた奈良市元興寺文化財研究所・増沢文武氏，奈良国立文化財研究所・町田章氏の御好意により，その一部を提供して戴き，筆者らの勤務する研究所で分析することになった。結果の詳細はすでに他の学術誌[4]に報告しており，ここではその概要を記してみたい。

錆試料は写真2に示すように10個の小片で，合計重量は0.3グラムであった。このうち最大の試片は0.1グラムで，その平面と破面は，倍率を大きくして口絵の写真に掲載してある。一方，小

表2 稲荷山鉄剣表面錆試料*の化学組成（％）

Cu	Mn	Ca	Mg	Al	Ti
0.35	0.18	0.025	0.006	0.018	<0.01

* 小片5個，合計0.1gをICP法で分析。

片の5個，合計0.1グラムは，少量試料の分析に適した高周波誘導結合型発光分析法（ICP法）により主要成分を定量した。残りの4片，0.1グラムは今後の研究のために保存された。

表2は錆試料の化学分析結果である。銅が0.35％，マンガン（Mn）が0.18％という値は，錆化による流出を考慮して鉄分を仮に60％とすると，Cu/Feは0.6％弱，Mn/Feは0.3％となって，原料鉱石は含銅の磁鉄鉱と考えられる。

しかし，この錆試料の解析は銘文鉄剣の材質を推定するという重要な目的をもっているので，銅分がもともと鉄剣の地金に含まれていた成分であることを確かめる必要がある。金銅装の鞘や青銅製の責金具が使われていて，その銅分が鉄錆中に溶け込んだのかも知れないからである。

そこで錆層中の銅の分布と存在形態を知るために，CMAという研究解析の新しいシステムが用いられた。CMA（Computer-aided Micro-Analyzer）は，試料面上の百万点を電子ビームで短時間に走査，分析して，含有元素の定量的な濃度分布図をつくることができる。口絵の写真には，錆試片の断面上の鉄，銅，カルシウムの濃度分布をカラーで表示してある。鉄は赤色で示され，濃度が高いほど明るく，反対に低いほど暗く表わされている。実際の錆層との対応を説明すると，明るい赤色部が黒錆層，暗い赤色部は赤錆層で，線状や帯状の黒色部は亀裂である。この上に青色で表わした銅の分布を重ねると，それは明るい赤色部，すなわち黒錆層に合致していることがわかる。カルシウムは黄色で表わしたが，これも黒錆層に点在しているのが見える。

さて，現代の含銅鋼を代表するのは耐海水性鋼であるが，これが海水中で安定な理由は，地鉄からいったん溶け出した銅分が表面の黒錆層中に酸化銅として析出し，耐海水性のち密な黒錆層を形成するためと考えられている。上述の口絵写真で説明した鉄剣の錆片中の銅の分布は，それとまったく同じである。空気の流通が遮断され，礫の間にあるという腐食環境の下で，非常に長い年月をかけて酸化銅の析出を伴う錆層の形成が行なわれ

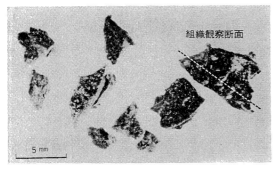

写真2 稲荷山鉄剣の錆片

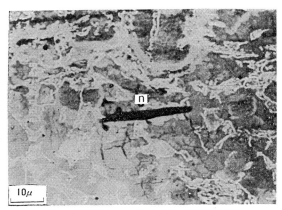

写真 3 黒錆層中のセメンタイトと非金属介在物
（稲荷山鉄剣錆片）
網目状の明色部：セメンタイト　n：非金属介在物
10μ：0.01 mm

たのである。黒錆中の銅分は，間違いなく地鉄に含有されていた成分ということができる。

黒錆層からは鉄剣の材質に関するきわめて有力な情報が得られた。写真3にその代表的なミクロ組織を，CMA による反射電子像で示した。ここで見える明るい網目状の物質は，X線回折法によってセメンタイト（Fe_3C）と同定された。もとの鋼組織を構成していたフェライト相（炭素をほとんど含まない鉄の結晶から成る）とパーライト相（前者と同組成の鉄とセメンタイトが微細に入り混じっている）のうち，後者の中のセメンタイトの一部が分解せずに残っており，他方フェライトはマグネタイトに変化しているのである。この網目状の組織から，もとの鋼の炭素含有量は 0.2〜0.3%，フェライトの結晶粒度は 0.02〜0.03 mm と推定される。そこで銘文に「百練」とあるようによく練られた皮金が使用されていて，しかも錆片が皮金を代表する試料であるならば，本鉄剣は 800℃ 付近から放冷されて，皮金は象嵌のし易い硬度であったと考えられる。

写真3からはもう一つ重要なデータが得られる。それは中央に見える細長い黒色の物質で，前述のカルシウムを表わす黄色の点がこれと一致する。鋼の中にあるこのような微小な異物は非金属介在物と呼ばれている。錆試料中の他の個所にも存在する同種の介在物も合わせ，3個の介在物の組成を CMA で定量分析した結果が，表3である。これらの介在物はいずれもカルシウムを多く含んだアルミノけい酸塩で，少量のマンガン，マグネシウム（Mg）のほかにカリウム（K）やナトリウム（Na）のようなアルカリ分を含有していることが特徴的である。

鉄地金の中に何故このような組成の介在物があるのか，それは鋼の製造法とも関係するので，他の鉄器試料での分析例と合わせ次に検討したい。

5　非金属介在物の組成から推定される鉄地金の製法
　　——中国の漢代に始まった炒鋼法

古墳出土鉄器の中の非金属介在物の分析は比較的最近行なわれるようになったもので，定量分析にいたっては前述の稲荷山鉄剣の場合が初めての例である。表4には介在物の定性，定量分析がなされた鉄器の調査例のすべてを挙げてある。

大和6号墳の鉄鋌中の介在物は，久野雄一郎氏の分析結果[5]によれば，ガラス質珪酸塩だけから成るものと，それにマグネシオ・ウスタイト（MgO-FeO 固溶体）の結晶を析出したものの2種類がある。ガラス質珪酸塩は稲荷山鉄剣の場合とほぼ同じ成分を含んでいる。さらに石上神宮域出土の直刀をはじめ他の鉄器も，1例（高館刀）を除けば，同様の成分系である。

古代の製鉄法では，鋼を製造する過程で生成したスラグが完全に分離されずに鋼側に残るので，それが鋼成品中に非金属介在物として存在するのである。介在物の組成はスラグのそれを表わしているから，さらに一歩進めてスラグをつくるためにどのような造滓材を添加したかが判るかも知れない。スラグ中の鉄とマンガンは溶鉄から供給される割合が高いので，これらを除き CaO, MgO, K_2O, Na_2O, Al_2O_3, SiO_2 の6成分を"造滓材成分"と仮定し，介在物のガラス質珪酸塩中での成分比率を調べてみよう。定量分析値のある稲荷

表 3　稲荷山鉄剣表面錆中の介在物の EPMA 定量分析結果

介在物番号	化学成分 (%)										鉱物組成
	FeO	MnO	CaO	MgO	K_2O	Na_2O	Al_2O_3	TiO_2	SiO_2	合計	
①	10.8	0.9	13.8	5.1	3.8	1.7	11.2	0.6	50.4	98.3	ガラス質珪酸塩
②	2.8	1.7	20.1	2.9	2.1	1.6	8.3	1.1	58.3	98.9	〃
③	8.9	1.3	11.7	3.3	3.0	1.9	11.7	0.7	56.2	98.7	〃

表 4 　健全な出土鉄器の化学組成と介在物の調査例

番号	鉄器試料		鉄器の化学組成（%）								介在物の鉱物組成
	出土地，年代*	種類	C	P	S	Cu	Mn	Ca	Si	Ti	
1	奈良市大和6号墳，5C後半[5]	鉄鋌	0.054	0.019	——	0.048	0.011	<0.005	0.15	0.004	ガラス質珪酸塩
2	〃	〃	0.71	0.027	0.003	0.11	0.002	——	0.25	0.002	含MgOウスタイトを析出したガラス質珪酸塩
3	奈良県石上神宮城（5C後半）	直刀	0.23	——	0.003	0.012	<0.01	<0.005	<0.01	<0.001	同　　上
4	群馬県安中市築瀬二子塚（〃）	〃	0.46	0.012	0.005	0.04	<0.01	0.01	0.04	0.02	ガラス質珪酸塩
5	埼玉県児玉町金鑽神社（6C）	〃	0.57	——	——	0.068	0.04	——	0.05	0.003	同　　上
6	埼玉県行田市将軍塚，6C	直刀残欠	0.07	0.021	0.004	<0.01	<0.01	——	0.03	0.02	含MgOウスタイトを析出したガラス質珪酸塩
7	神奈川県座間市鷹番塚，8C	刀子	0.63	——	——	0.028	0.11	——	0.15	0.003	含カルシウム珪酸塩
8	宮城県名取市高館，8C	〃	——	——	——	0.020	<0.01	——	0.11	0.008	ウルボスピネルならびにガラス質珪酸塩の2種

* 括弧内は直刀の形式にもとづく推定（石井昌国氏による）

山鉄剣，安中二子塚，行田将軍塚の合計8例について計算した結果が表5である。介在物がもともと鋼中に捲き込まれたスラグ融液の小滴であることを考慮するならば，表中の6成分の比率から推定されるもとのスラグの組成はかなり近い値とみてよいであろう。これは鉄地金の製法の類似性を示すものである。

中国では前漢の時代に，鉱石を竪形炉で還元してまず銑鉄（炭素3〜4%）をつくり，冷却後小割りにした塊を小形の炉で再溶解し，空気酸化によって溶鉄中の炭素を低減させ，加工し易い鋼を製造する技術が開発されたという。これは"炒鋼法"

表 5 　介在物のガラス質珪酸塩中の"造滓材成分"の比率

試料鉄器，介在物番号	造滓材成分（%）						介在物の鉱物組成
	CaO	MgO	K₂O	Na₂O	Al₂O₃	SiO₂	
稲荷山鉄剣①	16.0	5.9	4.4	2.0	13.0	58.5	ガラス質珪酸塩
〃　　②	21.5	3.1	2.2	1.7	8.9	62.4	〃
〃　　③	13.4	3.8	3.4	2.2	13.4	64.1	〃
安中二子塚直刀①	21.0	1.5	2.0	0.8	10.0	64.6	〃
〃　　②	20.0	1.9	2.0	0.7	10.2	65.1	〃
〃　　③	11.8	3.8	2.0	3.0	10.8	70.4	〃
行田将軍塚直刀①	20.9	1.3	4.3	0.6	7.4	66.1	ガラス＋ウスタイト
〃　　②	26.9	0.7	3.2	0.5	7.4	61.3	

の名で呼ばれている。中国の文献の説明では理解し難い点もあるが，図2にはその推定されるフローを示した[6]。

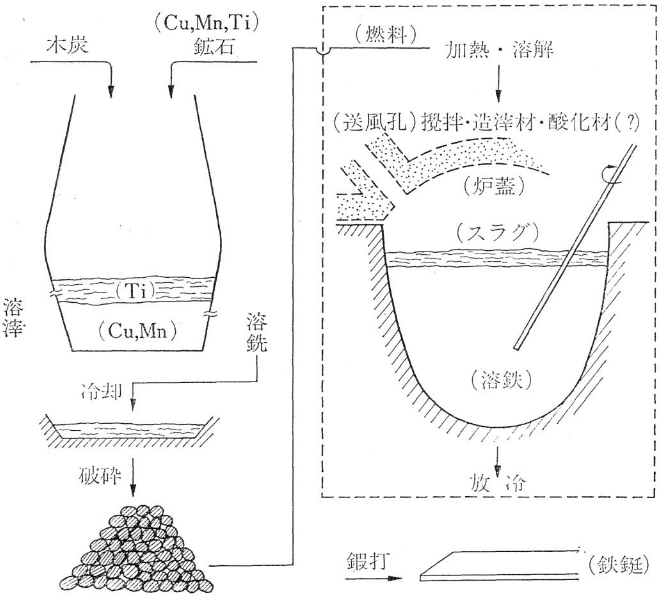

さて仮にこの方法で鋼をつくったとすれば，溶鉄を覆う流動性のよいスラグ（それは溶鉄の過度の酸化を防ぐ効果がある）を生成させるために，何らかの造滓材を加えたはずである。前述の6成分の比率は，その造滓材の組成を示しているのではないだろうか。もしそうだとすれば，貝殻，粘土，砂などの混合物を焼いたものが，それに相当する。さらにまたこの混合物は，古代の製塩技術の一つである煎塩法で塩釜の内壁を被覆したり，目地を詰めるのに用いた，"貝灰漆喰"[7]の組成にも近い。鉄と塩の技術の深い関係がうかがわれるのである。

このように古墳出土の鉄器の地金は，"炒鋼法"でつくられた可能性が強い。"炒鋼法"はわが国古代の製鉄技術に影響を与えたのだろうか。つぎに一つの鉄器の例について考察してみたい。

図 2 　推定される古代の炒鋼法[6]

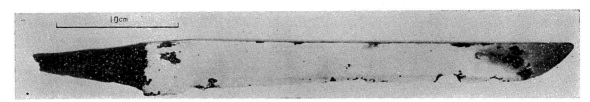

写真 4 蝦夷型横穴墳出土の大刀子（宮城県名取市高館）

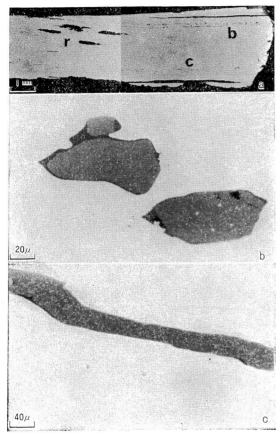

写真 5 名取高館刀に見られる 2 種の介在物
a：棟区近くより採取した試片のマクロ組織（r は錆）
b：ウルボスピネル主体の介在物
c：珪酸塩質の介在物（微小な析出物はチタン鉱物）

6 砂鉄を用いた古代の鋼製造法
―― チタン鉱物が介在する一振の鉄刀

　写真 4 に示したのは，宮城県名取市高館の蝦夷型横穴墳から出土した大刀子（石井昌国氏蔵）の外観である。同形のものが宮城県多賀城跡の 8 世紀の遺物包含層から蕨手刀と一緒に発掘されているので，この刀子も同じ年代と考えてよい。刀背の区に近い部分を小さく切り取って研磨したマクロ組織が，写真 5 ― a である。刀身の長手方向に，点状に連なった介在物と細長く伸びた介在物が観察される。それぞれ倍率を高くして写真 5 ― b，c に示したが，前者（介在物①）は灰色粒状で大きさは約 0.1 mm，後者（介在物②）は暗灰色の珪酸塩の地の中に微細な板状結晶が析出していて，長さ 0.2 mm 程度に伸ばされている。定量分析結果[8]が表 6 で，介在物①は少量の MnO，MgO，Al_2O_3 分を含んでいるが，化合物組成を計算してみると，ウルボスピネル（$2FeO \cdot TiO_2$）の理論組成に非常に近い。このウルボスピネルに若干の Fe_3O_4 を固溶した鉱物は，砂鉄の主成分の一つである。一方，介在物②は，板状の微結晶がチタン鉱物，地の珪酸塩は $(Fe, Ca, Mg)O-(K, Na)_2O-Al_2O_3-SiO_2$ 系のガラスである。このガラス質珪酸塩に含有される"造滓材成分"の比率を求めると，CaO：14.1，MgO：5.5，K_2O：8.0，Na_2O：1.8，Al_2O_3：18.4，SiO_2：67.0（いずれも％）となって，前章で述べた古墳時代の刀剣中の介在物のそれに非常に近い値を示す。

　これらの組成は何を物語っているのであろうか。"造滓材成分"比率は前述の炒鋼法に近いス

表 6 名取高館刀の刀背部試料中介在物の EPMA 定量分析結果

介在物番号	化　学　成　分　(%)										鉱物組成
	FeO	MnO	CaO	MgO	K_2O	Na_2O	Al_2O_3	TiO_2	P_2O_5	SiO_2	
①	57.5	0.6	0.0	3.1	0.0	0.0	2.5	32.0	0.0	0.0	ウルボスピネル
②	27.0	0.2	7.9	1.9	4.5	1.0	10.3	6.1	1.1	37.5	ガラス＋チタン鉱物

注）介在物①，②はそれぞれ写真 5 の b），c）に対応

ラグ生成が行なわれたとみるべきである。$2FeO \cdot TiO_2$ 組成のウルボスピネルは，砂鉄の構成鉱物であるウルボスピネル固溶体が強い還元作用を受け Fe_3O_4 分を失った結果生成したものである。両者を合理的に説明しようとすれば，溶鉄の脱炭に砂鉄を酸化材として用いたとせざるを得ない。古代の砂鉄を利用した製鉄法は，まず砂鉄を還元して銑あるいは鉧をつくり，ついで溶融もしくは半溶融状態で空気の送風と砂鉄の添加を併用して鉄中の炭素を低減し，鋼を製造したものと思われる。

それではこのような鋼製造法に対応した鉄滓は見出されるのであろうか。古墳に埋納された鉄滓を追求している大澤正己氏の調査結果（本誌に解説論文を掲載）によれば，6世紀中頃までは鍛冶滓の供献が続くが，その中に CaO 含有量の高い例も見られるという。しかし同時代の製鉄遺構が未発掘なため，鋼の製造法との関係を明確にすることができない。最近茨城県美野里町の花館製鉄遺跡（平安時代）において桂敬氏らが発見した鉄滓は，CaO と TiO_2 の含有量が多く，鉱物としてはペロブスカイト（$CaO \cdot TiO_2$）を析出したものであった[9]。化学組成の代表例を抜すいして表7に示す。このような融点の高い，流動性の悪いスラグによって，竪形炉で銑あるいは鉧をつくる操業が行なわれたはずはない。地面を掘りくぼめて造った，鍛冶炉と呼ばれる比較的小さな炉で鋼の製造が行なわれた際に，この高 CaO，高 TiO_2 のスラグが生成したと考えられるのである。

8世紀の東北北部の鉄刀と平安期の関東北部の鉄滓は，同じ一つの鋼製造法で結びついているように見える。しかしそれを確かなものにするためには数多くの類例の発見が必要であろう。

7 おわりに

以上を要約すると，古墳に埋納された鉄器，あるいはその製作素材となった鉄は，ほとんどが鉱石を原料にしたものであり，鍛造品の場合はほぼ同じ方法で製造した鋼が使用されている可能性が大きい。そしてこの鋼製造法の影響は，まだ少数例ではあるがわが国の古代の鉄器と鉄滓に見られる。

自然科学的手法を用いた古代鉄器の研究は最近急速に広まりつつある。たとえ小さな錆片でも，適切な分析手法を組み合わせて豊富な情報が得られることは，稲荷山鉄剣の例を挙げて述べたとおりである。各方面での研究が深まり，古墳時代とそれに続く時代の製鉄技術が明らかにされることが期待される。

表 7 茨城県美野里町出土鉄滓の化学組成（%）

試 料	Fe_2O_3	MnO	CaO	MgO	K_2O	Na_2O	Al_2O_3	P_2O_5	TiO_2	SiO_2
IM-3	30.06	1.10	6.42	6.84	0.75	0.14	5.45	0.00	28.57	20.67
IM-9	4.31	0.94	15.21	7.24	1.25	0.10	8.59	0.02	41.23	21.11

注）桂敬氏による。代表例を抜すいした。

註

1) 俵 国一『日本刀の科学的研究』日立印刷，1982
2) 窪田蔵郎『鉄の考古学』雄山閣出版，1975
3) 清永欣吾「奈良県下より出土した鉄刀剣の化学分析」橿原考古学研究所紀要『考古学論攷』9，1984
4) 村田朋美・佐々木稔・稲本 勇・伊藤 薫・田口 勇・浜田広樹「稲荷山鉄剣表面錆の解析」MUSEUM，308，1982
5) 久野雄一郎「奈良市高塚古墳（大和第6号墳）出土鉄鋌7点の金属学的調査報告」考古学論攷，9，1984
6) 佐々木稔・村田朋美・伊藤 叡「古代における炒鋼法とその製品」たたら研究会編『日本製鉄史論集』1983
7) 村上正祥「製塩における蒸発装置および操作の発達」日本海水学会誌，36—6，1983，p.359
8) 佐々木稔・村田朋美・伊藤 薫・宮本勝良「鉄器の材質から推定される古代の精錬鍛冶法」昭和58年度たたら研究会予稿集，1983
9) 桂 敬「砂鉄製鉄の原理について」東京工業大学製鉄史研究会『古代日本の鉄と社会』平凡社1982

古代東北アジアの
鉄鉱石資源

■ 窪 田 蔵 郎
日本鉄鋼連盟

1 鉄鉱床の分布

中国・朝鮮・日本の鉄鉱床を概観すると，広大な中国には各種鉄鉱石の鉱山が多数分布している。また朝鮮半島では小鉄鉱山が多く，日本に至っては火山国であるため砂鉄は豊富に産出するものの，鉄鉱山は極めて少ないと言うことになる。本稿では現状での分布を略述する。

中国は広大な地域にわたるため，鉄鉱石に関する完全かつ新しいデータがないが，1965年の調査で埋蔵量は150億tと推定され，採掘している鉄鉱山は370カ所とも言われている。20年程前にはこれらの各地で，原始的な土法製鉄が行なわれていたのは周知のことである。

鉄鉱床は従来の調査では，シュペリオル型鉱床（例をあげると遼寧省鞍山〜廟児溝間，河北省，江西省の赤・磁鉄鉱），接触鉱床（揚子江流域南岸，山東省，河南省，海南島の磁・赤鉄鉱），交代鉱床（吉林省東辺道，遼寧省，河北省，四川省，雲南省の磁鉄鉱），沈澱鉱床（山西省炭田，遼寧省牛心台および撫順炭田の赤・褐・菱鉄鉱），岩漿分化鉱床（河北省承徳付近，四川省の磁鉄鉱）などをあげることができる。個々の鉄鉱山については次稿に譲るとして，留意すべきは接触鉱床には銅を含有しているものがあり，岩漿分化鉱床はチタン・バナジウムなどを含んでいることである。四川省の攀枝花鉱床の鉄鉱石はその代表的なものである。

韓国・北朝鮮の鉄鉱床は小鉱山が多数分布している。南北に二分されておりとくに北朝鮮についてはデータに乏しく，そのため近況を知る手掛りがない。韓国は江源道に襄陽をはじめとして，九竜，江原，洪川自隠，端石等々の鉄山があり，京畿道に抱川，京仁，忠清北道に忠州，連守洞，金谷，沃川，忠清南道には端山，慶尚北道に開寧大谷，東洋，慶尚南道には勿禁などがある。接触鉱床に属するものが多い。古代製鉄の調査に関連する不純物を含有するようなものは少ないが，抱川，勿禁，**襄陽**，九竜などで部分的に銅を含むものが見られる。韓国動力資源研究所のデータでは，九竜のものが若干高い数値を示している。

北朝鮮においては黄海南道・黄海北道に集中しており，殷栗，載寧，下聖などの著名鉄山があり，平安南道の价川，咸鏡南道の利原，端川，さらに北へと行って咸鏡北道も北部で豆満江畔の茂山は，北朝鮮最高の11億tとも言われる埋蔵量をもつ大鉄山である。

日本の場合，鉄鉱山は経済的採掘に足るものが極めて乏しい。北海道を除いて見ると，岩手県の精鉱埋蔵量800万tと言われる釜石，赤金，新潟県の赤谷，群馬県

の群馬，埼玉県の秩父，岡山県の柵原，福岡県の吉原等等が知られている程度である。前掲のものは大部分が接触鉱床であり，磁鉄鉱ないし赤鉄鉱を産する。柵原は露天風化鉱床で硫化鉄鉱・褐鉄鉱を産出する。他に沈澱鉱床（沼鉄鉱）や交代鉱床（鉄マンガン）の小規模なものもある。

2 推定される使用鉱石

中国の採鉄は『管子』によれば，正否は別として「出鉄之山，三千六百九山」と見え，出土物から推定しても秦代には鉄器の時代になり，早くも塩と鉄の専売制が始まっている。漢代には石炭の利用による冶錬も始まったようである。この点について『山海経』巻五では鉄山数を 3,690 としているが，文中で列挙しているものは 40 に足らない数であり，『漢書』地理志によっても 65 カ所程である。『中国十大鉱床記』によれば，廟児溝鉄山には前清乾隆年間の旧坑があるとされ，本渓湖にはかつて廟児溝，牛心台，火連寨などから移送してきた鉄鉱石を冶錬していた遺跡があると記されている。また遼陽弓長嶺鉄山も約 1200 年以前に，高麗族によって製鉄が行なわれていた遺跡があると言う。

遺構をもつ著名鉄山で古文書の伝える鉄官に対応できたものはまだ少ないが，江蘇省利国鉄山が彭城鉄官に相当し製錬遺跡も残存している。湖北省の大冶鉄山にも鉄滓散布地がある。これらの鉱石は銅分の高い特徴をもっている。山東省の金苓鉄山も古くから採掘されており，この近傍には諸城や平度の鉄官があったものと推測される。また湖北省の紀家絡鉱床にも旧坑があり，安徽省の銅管山鉄山にも唐宋代の採掘遺跡がある。砂鉄は建南省・浙江省に多く古来から利用されてきたが，建甌，松渓，滷城，蒲田付近で産出するものが著名である。

北朝鮮の具体例については茂山程度で，最近の調査資料を入手していない。

韓国では筆者の現地調査結果は，忠州市郊外にある利柳面梅見里，周徳面本里，同濁洞などに古代製鉄の鉄滓が散布しており，忠州，倉洞，金谷，連守洞などの鉱石使用が推定されている。倉洞には旧坑も遺存していた。また，慶尚南道月城郡から蔚州郡にかけての近世まで続いた原始製鉄も，達川鉄山などの鉱石である。近年韓国考古学界の手によって昌原仏母山を中心に，冶炉心妙里，彦陽石南村，金海甘勿也村，無等山長仏寺などが調査されたが，これらに充当された鉄鉱石はそれぞれ近傍の小鉄山のものと思われる。この付近の主要なものを探すと，梁山郡の勿禁鉄山をはじめ，金海郡上東面の金海鉄山，前出遺跡と関係をもつ馬山，さらに海東，梁里，三友などの鉄山がある。金海では往時に採鉱された坑道が発見されている。

なお嶺南大学文暻鉉氏の「辰韓の鉄産と新羅の強盛」（東アジアの古代文化，14号）によれば，新羅の部分に限られるが『世宗実録地理志』や『東国輿地勝覧』を引用して詳細な鉄鉱，砂鉄の産出地を表示している。

日本で古くから開発されていた鉄鉱山としては，岩手

中 国 大 鉄 鉱 山 開 発 史 一 覧 表

礦 床 類 型		先秦	西漢	両晋	隋唐	北宋	南宋	遼	元	明	清
前カンブリア期沈積変質鉄鉱床	鞍 山 式	呂梁山	灤県密雲		灤県,峰県,五台,舞陽				鞍山本渓	遵化	遷安
	滇 中 式		晋寧						昆明		易門
	新 喩 式									新喩	
	祁 東 式				祁東						
海層沈積鉄鉱床	寧 郷 式					建始					長陽
風化（鉄帽型）褐鉄鉱鉱床	朱 崖 式		淄河		淄川						
	大宝山式					韶州	韶州				
	黄 梅 式									黄梅	
接触交代—高,中熱温水鉄鉱床	邯 鄲 式	邯鄲地区	武安,萊蕪,臨汾		邯鄲萊蕪	邯鄲臨汾			邢台	臨汾,萊蕪	
	大 冶 式						大冶			大冶,騰沖	
火山岩型鉄鉱床	寧 蕪 式			南京	南京,当涂						
晩期岩漿含チタン・バナジウム磁鉄鉱床	大 廟 式								西昌,太和		

注）　本表は宜昌地質鉱産研究所周聖生氏の調査結果を引用，編製したものである。
筆者注）　出所は夏湘蓉・李仲均・王根元編著『中国古代礦業開発史』（表 24）。

県釜石，仙人，栗木，群馬県中小坂，長野県大日向，宮崎県真幸などが著名であるが，これらはいずれも近代鉄鋼業揺籃期に整備された旨の文献によったもので，古代に利用された考古学上の観点とは別である。日本で鉄鉱石製錬が行なわれていた遺跡として確認されたものは，滋賀県の高島郡北牧野遺跡と同県草津市野路小野山遺跡である。これらの場合原料は磁鉄鉱である。その産地は前者の場合高島・浅井二郡に散在している小鉄山があげられるが，後者の場合は奈良期の政治的理由を考慮すれば，伊吹山周辺の小鉄山なども推測される。

また前項で記した鉄山で旧坑の発見された事例を聞いていないが，長野県の諏訪鉄山や岩手県の釜石鉄山も使用されていたし，岡山県柵原鉄山の硫化鉄鉱も利用を想定した人がある。宗教的な点などを配慮すれば，奈良県の吉野鉄山辺りは当然古くから開発されていたものと思われる。

3　わが国砂鉄の採掘と選鉱

たたら製鉄用の砂鉄採集が，花崗岩系岩石などの風化した山肌を切り崩し，山裾の斜面を流れる小河川を利用した水流による，比重選鉱の方法によって行なわれていた，いわゆる鉄穴流しの技法によることは，若干たたら製鉄法を理解している人ならば常識である。しかしこのような方法は江戸期以降のものであり，古代・中世における採集の実態は正直のところ判っていない。真砂地とよばれる前記地層から，大規模かつ組織的に砂鉄を採ったのは鍋押法の完成とほぼ期を一にする頃になってではなかろうか。それまでの砂鉄は大部分，海砂鉄，川砂鉄であったものと考えられる。雨生鉄という言葉があった位であるから，ある種の土地が洗われれば砂鉄が得ら

れることは知っていたであろうし，そのような処があれば当然ねこ流しのような方法で利用もしたであろうが，原始的小規模な製錬でわずかの必要量でこと足りたので，河川の屈曲部の中州などに滞留した砂鉄とか，海浜の川口部近くに打ち上げられた砂鉄などが，好んで利用されていたものと思われる。それにしても雲伯地方や博多湾付近のような純な砂鉄でなく，チタンの含有量の多い砂鉄を使用した場合は，火力の十分でない当時には鉄滓の粘着（羽口汚し）で，操業には非常な苦心をしたことと想像される。砂鉄製錬に関係ある地域の砂鉄で見ると，島根県仁多郡の真砂々鉄は 1.5% 程度であるのに，広島県比婆郡の赤目砂鉄では 6%，岡山県の阿哲郡辺りでは 12%，同県下では 20% を超えた例もある。筆者の調査した長野県の千曲川では 6% であった。

江戸末期の鉄穴流しの技法では，洗場の樋で取り上げられた段階でその鉄分は約 85% と言われている。しかしこれをそのままたたら炉に操入したのではなく，こもり・こもり次ぎ・上り・下りの各操業段階に従って 20% から 10% の川砂を洗船で添加している。購入の段階では洗いを厳重に言っておきながら，川砂を加えることは矛盾しているようであるが，流動鉄滓を造り炉況を安定させ，製錬を成功させるためにはその方が良いのである。受け入れでの高品位要求は経済性の問題であって，技術上の問題ではない。

したがって往古の原始的な製錬ではこの辺の事情を経験的に了解していて，どの程度の砂混り砂鉄が操業に適するかを知っていたのではなかろうか。筆者はその辺りを大雑把に，磁選した砂鉄で 8〜9 割に対し川砂 1〜2 割位混合した程度のものと考えている。

古墳供献鉄滓からみた製鉄の開始時期

新日本製鐵八幡技術研究部
■ 大澤正己
（おおさわ・まさみ）

古墳出土鉄滓は製鉄遺構と直接結びつかないが，その組成調査からみて，製錬滓の初現は6世紀前半から中葉にかけてである

1 はじめに

日本列島内で製鉄遺構から鉄製錬（Smelting）が確認できる推定年代は，6世紀後半から7世紀初頭までである[1]。それらを遡る時期での鉄生産の様相はいたって不鮮明であり，製錬開始時期もさだかでない。

この問題を追求する上で研究の手がかりを与えてくれるのが古墳出土の鉄滓で，西日本を中心に5世紀前半から8世紀代にかけて151例が報告されている[2]。古墳出土鉄滓は，製鉄遺構と直接結びつかないが，古墳築造年代や副葬品から推定年代がおさえられる利点があり，鉄滓の組成を調査することにより製鉄原料が砂鉄か鉱石かが分類でき，また製錬滓か鍛冶滓かが判別できて，当時の鉄生産の背景を解明する有力な資料となってくる。

2 古墳埋納あるいは墳墓内出土鉄滓の組成

（1） 鉄滓出土古墳の地域分布

古墳出土鉄滓の151例を本稿に網羅することはスペースの関係からできないので，一部抜すいした結果を表1に示す。

古墳出土鉄滓の地域別分布状態の集約結果は，九州84，中国51，近畿13，関東3例となる。大別した4地域のなかで，その大半を占めるのが九州は福岡県の79例であり，中国地方は岡山県の38例である。両県ともに高品位砂鉄と，一部鉄鉱石の賦存地帯であり，豊富な木炭の供給のできる山間部をひかえ，これに良質の釜土用粘土を抱えた地域であり，古代からの鉄生産活動が盛んであったことが指摘できる。

（2） 古墳からの鉄滓出土状況

古墳から鉄滓が出土する位置は一定しないが，その大部分は石室（埋葬主体部）と羨道・墓道であり，他に前庭部から墳丘の上・直下・周溝さらに周溝外の祭祀ピットなどと広がりをもっている。これらの多くは古墳被葬者に対する供献の姿を留

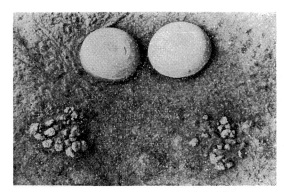

図1 津山市川崎六つ塚3号墳鉄滓出土状況
上の丸いものは須恵器（津山市教育委員会提供）

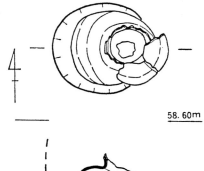

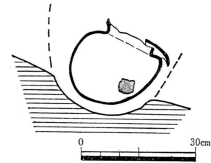

図2 宗像市浦谷古墳群 H-4 号墳鉄滓埋納遺構実測図（1/10）
（宗像市教育委員会『浦谷古墳群Ⅰ』1982 より）

めるものである（図1, 2参照）。

（3） 古墳出土鉄滓の組成

鉄生産の工程を段階的に分けると次のようになる。

（ⅰ）選鉱，（ⅱ）予備処理，（ⅲ）製錬，（ⅳ）精錬

表 1　鉄滓出土古墳地名表　（福岡・岡山・島根県の一部抜すい）

	古墳名	所在地	個数	重量	推定年代	出土地点及び出土状態・他	鉱物組成	鉄滓調査結果				鉄滓分類
								Total Fe	造滓成分	TiO$_2$	V	
1	金武古墳群吉武字塚原 L群1号墳	福岡市西区吉武字塚原	1	42 g	6C末	周溝	W+F	37.5	39.8	2.9	0.006	鍛冶滓
2	〃 2号墳	〃	10	約700 g	6C中葉～後半	羨道、墓室	M+W+F	45.8	30.9	2.4	0.25	製錬滓
3	〃 3号墳	〃	3	約350 g	6C中葉～後半	支室 羨道	W+F	63.3	12.6	<0.1	0.288	鍛冶滓 製錬滓
4	〃 4号墳	〃	30	約1,200 g	6C前葉～中葉	支室 周溝	W+F / M+F	64.0 / 45.7	11.2 / 33.2	0.1 / 1.5	0.013 / 0.246	鍛冶滓 製錬滓
5	〃 5号墳	〃	159	約1,100 g	6C中葉	支室、周溝、墳丘盛土、周溝外ピット	W+F / W+M+F	55.2	18.3	3.2	0.254	製錬滓
6	〃 6号墳	〃	7	約1,500 g	6C前葉～中葉	周溝、墳丘盛土、羽口破片5点と共伴	W+F	46.3	25.2	6.7	0.576	製錬滓
7	〃 7号墳	〃	13	約1,000 g	6C前葉～中葉	周溝、墳丘盛土	M+F	44.5	29.4	5.1	0.348	〃
8	〃 8号墳	〃	9	約800 g	6C後半～末	支室、周溝、墳丘盛土、装飾古墳	M+W+F	46.2	31.8	1.8	0.32	〃
9	金武古墳群吉武 K群7号墳	福岡市西区金武	34+α	4,700 g+α	6C後半～7C前半	羨道2、閉塞石の中1、装飾古墳	W+M+F	47.9 / 49.1	30.0 / 26.4	1.47 / 0.9	0.168 / 0.07	製錬滓 〃
10	観音山中原 13号墳	福岡県筑紫郡那珂川町中原深原	3			支室（崩らされていた）1、装置（閉塞部）～蓋道とする。	W+F / W+F					鍛冶滓
11	浦谷古墳群 H-4号墳	福岡県宗像市大字朝町字浦谷	1		8C代	須恵器甕の中、土師器皿で蓋とする。	W+F	55.6	24.7	0.22	0.009	鍛冶滓
12	月の輪古墳	岡山県久米郡柵原町	4		5C前半	墳頂方形画内、石塊と同位または石塊中にはさまれて	不明	26.8	61.7	0.27		?
13	長畝山2号墳	岡山県津山市河辺国分寺			5C末（TK208）（TK23）	箱式石棺床面・木棺直葬主体内、鉄滓と鍛冶具（鉗・槌・鑿）						
14	六つ塚1号墳	岡山県津山市川崎			①6C初～前半②C初③6C前半 / ①②6C前半③6C中葉	①墳頂直下（多量）、②中央南棺床面（少量）、③中央南棺床面（少量） / ①A木棺床面（少量）、②B木棺床面（多量）、③C木棺床面	W+F	55.1	20.3	0.19	0.006	鍛冶滓
15	〃 3号墳	〃	少量				W+F					〃
16	〃 5号墳	〃			6C初頭	礫槨床面	G+M					
17	築瀬古墳群1号墳	岡山県津山市草加部	2		6C後半	周濠上層	F+M	27.5	54.9	0.57	0.010	鉱石製錬滓
18	〃 2号墳	〃	8		〃	周濠	〃	38.0	44.5	0.38	0.007	〃
19	〃 3号墳	〃			〃	周濠	〃	35.0	47.5	0.35	0.007	〃
20	ビシャゴ谷1号墳	岡山県津山市下高倉西			7C前半	石室内床面4点～砂鉄製鍛滓、周溝埋土数点～歯石製鉄滓	M+F / F+M					砂鉄製錬滓 歯石製鉄滓
21	稼山古墳群盆田1号墳	岡山県久米郡久米町稼山	460 g		7C後半	石室床面4点～砂鉄製鉄滓、羨道部	U+I	32.1	24.3	19.8	0.12	製錬滓
22	座王古墳	島根県能義郡伯太町			8C後半	石室および封土（盛土として使用）	M+F	41.9	32.3	9.44	0.43	製錬滓

鍛冶（大鍛冶），（ｖ）鍛錬鍛冶（小鍛冶）

　ここから排出される鉄滓は（ⅲ）の製錬滓と（ⅳ）（ｖ）の鍛冶滓である。この3種の鉄滓は古墳供献鉄滓にも認められ，それらは光学顕微鏡組織，粉末Ｘ線回折，化学組成，Ｘ線マイクロアナライザー，硬度測定値らの自然科学的手法を駆使して鉱物組成や化学組成を調査することにより，生成履歴を明らかにすることができる。

3　製錬滓と鍛冶滓の分類

（1）製錬滓の特質

　製錬とは砂鉄や鉱石その他の原料から含有金属を抽出し，精製する冶金学的反応操作をいう。古代製鉄では主として砂鉄（一部に鉄鉱石）と木炭を炉内で交互に装入し，炉体下部より冷風を吹き込んで温度を上げながら還元を行なっている。この操業は低温還元法とも呼ばれて鉄が一様な溶融状態にならず，固体と液体の共存した状態で炉内の反応が終結する低温反応の特質を生かしている。この製錬で排出された鉄滓を

製錬滓という。製錬滓の外観を観察すると，黒褐色で飴状を呈する流出滓や，炉底部に残留した粗鬆な肌の炉内残留物，また炉壁粘土と反応して鉄分をほとんど含有しないガラス質鉱滓などが存在する。これらの外観を呈する製錬滓は，古墳供献鉄滓からも見出され，排出ままのものから，人為的に打ち欠き痕跡を残すものまで混じえている。

製錬滓の顕微鏡組織を図3の1〜4に示す。鉱物組成は製鉄原料に砂鉄を使っておれば，福岡平野およびその周辺の低チタン含有砂鉄賦存地帯の金武古墳群吉武K群7号墳出土鉄滓にみられるように，鉱物結晶が白色粒状のウスタイト（Wüstite: FeO）と，淡灰色多角形状のマグネタイト（Magnetite: Fe_3O_4）が晶出し，これに灰色盤状結晶のフェアライト（Fayalite: $2FeO \cdot SiO_2$）で構成された組織となる。中チタン含有砂鉄であれば島根県の座王古墳出土鉄滓のようなマグネタイト＋フェアライト組織となり，高チタン含有砂鉄であれば岡山県稼山古墳群釜田1号墳でみられるような白色針状結晶のイルミナイト（Ilmenite: $FeO \cdot TiO_2$）＋白色多角形のウルボスピネル（Ulvöspinel: $FeO \cdot Fe_2O_3 \cdot TiO_2$）となる。

製鉄原料が鉱石であれば岡山県津山市所在の築瀬古墳群出土製錬滓で認められるフェアライト主体に，ごく微量のマグネタイトを混じえた組織となってくる。

製錬滓の化学組成は，一次滓であるので砂鉄や鉱石に含有される不純物の脈石成分が多くなり，これが造滓成分（$SiO_2+Al_2O_3+CaO+MgO$）として 23〜29% と高目で表われる。製鉄原料が砂鉄であると，必ず随伴微量元素として二酸化チタン（TiO_2）やバナジウム（V）が高目となり，二次滓の鍛冶滓と区別する重要なバロメーターとなってくる。すなわち，砂鉄製錬滓は福岡平野の低チタン含有砂鉄地帯で二酸化チタンが 1.5〜6.0% で，他地方では数%以上含有され，バナジウムは小数1桁目に数値がでてきて地域差による若干の変動が認められる。製鉄原料が鉱石であれば，製錬滓といえども二酸化チタンやバナジウムは微量しか含有されず，それに替って酸化カルシウム（CaO）や酸化マンガン（MnO）が数%台の高目を示す。鉱石製錬滓は，外観観察と鉱物組成の同定並びに化学組成などの結果を総合して識別しなければならない。

（2）鍛冶滓の特質

鍛冶滓は精錬鍛冶滓と鍛錬鍛冶滓に分けられる。精錬鍛冶とは製錬過程で抽出された金属鉄の純度を高めるために還元鉄から酸化物や硫化物，その他の不純物などを除去する操作をいう。製錬炉から出たばかりの鉄塊（近世たたら用語でいうところの銑や鉧の混在したもの）は，まだ粗成品で鉱滓と未分離の半溶融状態のままで製造されているから不純物も多い。これらの鉄塊を加熱して高炭素系は脱炭し，また極低炭素系は滲炭しながら成分調整を行ない，反復鍛打を加えながら鉱滓を絞り出して可鍛鉄を製造する工程（精錬：Refining）で排出された滓を精錬鍛冶滓という。精錬鍛冶滓の外観は，鍛冶炉の炉底部に堆積した半楕円形状もしくは椀形状を呈するものから拳半分程度の塊状もしくは指先程度の小片まである。また，ガラス質鉄滓も羽口直下の高温部で生成される。

次に鍛錬鍛冶滓であるが，精錬鍛冶で成分調整をおえた可鍛鉄を鉄器に鍛造する時点で再加熱して排出された鉄酸化物が主成分の滓である。この鍛錬

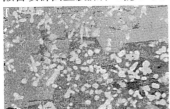

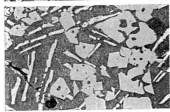
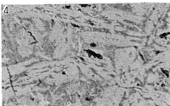
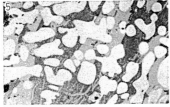
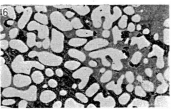

図3 鉄滓の顕微鏡組織
1：吉武K群7号墳　砂鉄製錬滓　　2：座王古墳　砂鉄製錬滓
3：稼山釜田1号墳　砂鉄製錬滓　　4：築瀬1号墳　鉱石製錬滓
5：観音山中原13号墳　精錬鍛冶滓　6：六つ塚1号墳　鍛錬鍛冶滓

鍛冶滓の外観は，精錬鍛冶滓に類似したものである。

精錬鍛冶滓と鍛錬鍛冶滓の鉱物組成は，多くの不純物を除いた後の鉄塊を加熱するため，鉄酸化物が主鉱物となってヴスタイトが晶出し，これに鍛冶炉の炉材粘土の珪酸分が反応してフェアライトが共存する。図3の5には福岡県筑紫郡所在の観音山中原13号墳出土の精錬鍛冶滓の組織を，また図3の6には岡山県津山市所在の六つ塚1号墳出土鍛錬鍛冶滓の組成を示す。このように，鍛冶滓の鉱物組成はヴスタイト＋フェアライトで構成されるが，稀に精錬鍛冶滓に限ってマグネタイトを少量晶出することもある。

鍛冶滓の化学組成は二次滓であるので脈石系不純物の造滓成分や随伴微量元素は減少気味で，なかでも二酸化チタンとバナジウムの減少傾向は著しい。鍛冶滓の成分範囲は製錬時の原料成分の影響を強く受けるので，地域差が現われており，とくに二酸化チタンは福岡平野周辺で1％以下であるのに対し，中国地方の精錬鍛冶滓は5％台，鍛錬鍛冶滓で1％以下となる。全鉄分（Total Fe）や造滓成分などの具体的な成分範囲は表2に示す通りである。

なお参考までに述べておくと，弥生時代および古墳時代前・中期頃までの鍛錬鍛冶滓は二酸化チタンやバナジウムが極端に低目のものがあり，これらは鉱石系鉄素材の鍛冶を行なった可能性も考えられる。大陸産の鉄素材であろうか。

4 製錬開始時期の推定

製鉄遺構を伴わない鉄滓でも鉱物組成と化学組成を調査することにより，製錬滓と鍛冶滓の分類ができ，また製鉄原料が砂鉄か鉱石かの識別も可能となった。この組成調査結果にもとづき，古墳供献鉄滓を推定年代と対応させてみよう。

九州での製錬滓の初現は，福岡市所在の金武古墳群吉武L群4・5・6・7号墳出土鉄滓などで，6世紀前半から中葉に比定される。ここでは製錬滓と鍛冶滓が共伴し，製錬滓単独出土は6世紀後半以降で，他の古墳群からも多く検出される。

岡山県では調査鉄滓で最も推定年代の遡るのが5世紀前半の月の輪古墳出土品である。これはガラス質鉄滓であるのと，鉱物組成を検討する組織写真がないために製錬滓か鍛冶滓かの結論が出しかねる[3]。5世紀末の津山市所在の長畝山2号墳では，鍛冶具と鉄滓が共伴しているところをみると，この時期は鍛冶主体の鉄生産と推定される。これに続いて6世紀初めから前半に比定される六つ塚1，3号墳出土鉄滓が鍛冶滓であり，中国地方においても6世紀後半以降から砂鉄および一部鉱石製錬の盛行期を迎えている。以上の如く古墳供献鉄滓からみる限り鉄製錬を裏付けるのは6世紀代であり，それ以前は鍛冶が主体で，鉄素材は海外に依存したものと考えられる。

最後に古墳供献鉄滓以外で，弥生時代と4・5世紀の遺跡（住居跡や祭祀ピット）出土鉄滓の組成に眼を転じてみると，下記の各鉄滓はともに鍛冶

表2　製錬滓・鍛冶滓の成分と鉱物組成の比較　　＜　＞内は平均値

	項目	福 岡			岡 山			
		製 錬 滓（砂鉄）	鍛 冶 滓		製 錬 滓		鍛 冶 滓	
組成			精錬鍛冶滓	鍛錬鍛冶滓	砂鉄系製錬滓	鉱石系製錬滓	精錬鍛冶滓	鍛錬鍛冶滓
化学組成	全鉄分（Total Fe）	37.5〜57.6%＜43.8＞	49.1〜55.6%＜52.4＞	62.2〜64.0%＜63.2＞	32.1〜41.8%＜37.3＞	27.5〜38.0%＜33.5＞	51.7%	50.1〜53.1%＜51.6＞
	造滓成分*	16.8〜39.8＜29.1＞	21.0〜33.5＜26.4＞	10.1〜12.6＜11.3＞	17.1〜25.9＜22.9＞	44.5〜54.9＜49.0＞	21.4	7.52〜20.32
	二酸化チタン（TiO₂）	1.1〜8.2＜2.9＞	0.22〜0.9＜0.55＞	0.1〜0.7＜0.3＞	5.03〜19.8＜12.4＞	0.35〜0.57＜0.43＞	5.6	0.06〜0.19＜0.12＞
	バナジウム（V）	0.006〜0.576＜0.28＞	0.009〜0.167＜0.064＞	0.013〜0.288＜0.131＞	0.02〜0.18＜0.12＞	0.007〜0.010＜0.008＞	0.12	0.06
鉱 物 組 成		W＋FW＋M＋FM＋F	W＋F	W＋F	M＋FU＋I＋F	F＋(WM)微量	W＋FW＋M＋F	W＋F

* 造滓成分（SiO₂＋Al₂O₃＋MgO＋CaO）
　岡山県の精錬鍛冶滓の成分値は古墳供献鉄滓ではなく，大蔵池南遺跡鍛冶炉出土の鉄滓分析値である。6C後半〜7C初頭の遺構？
　W：Wüstite，F：Fayalite，M：Magnetite，U：Ulvöspinel，I：Ilmenite

滓である。この鉄生産の鍛冶工程は弥生時代から6世紀代まで継続されたものと考えられる。

遺　跡　名	推定年代
京都府扇谷[4]	弥生前期末〜中期
鹿児島県王子[5]	弥生中期末〜後期初頭
長崎県北岡金比羅祀[6]	弥生中期
熊本県下前原[7]	弥生後期
〃　　西弥護免[8]	弥生終末期
〃　　諏訪原[9]	弥生後期〜古墳初頭
福岡県松木[10]	4C中頃〜5C前半
鳥取県長瀬高浜[11]	4C末〜5C初

　5世紀後半になって数少ない製錬滓が検出される。福岡県の潤崎遺跡である。祭祀ピットより流出滓が出土し，鉱物組成にイルミナイト＋ウルボスピネルが晶出して二酸化チタンが20.4％含有されている[12]。

　鉄製錬には還元剤の木炭が欠せぬ原料となる。木材を熱分解するには炭窯が必要である。登り窯状炭窯と須恵器焼成窯は同系の窯業技術である。鉄製錬技術と原料木炭の供給を考慮に入れると，列島内の5世紀代が鉄製錬の揺らん期であり，6世紀代になって製錬技術が確立したとみるのが妥当であろう。

5　まとめ

　古墳供献鉄滓の科学的組成調査からみて，製錬滓の初現は6世紀前半から中葉にかけてであり，6世紀後半代になると，西日本一帯で一斉に製錬の盛行期を迎えることとなる。製鉄炉は低炉タイプ（炉の平面積が断面積より大きく，還元鉄は低炭素系）で製鉄原料に砂鉄が使われ，岡山県津山市の一部で鉱石が装入される。しかし製錬開始の揺らん期は5世紀代まで遡るものと推定されて，この時期までは鉄素材は大陸側に依存した鍛冶主体の鉄生産だったと考えられる。

　　註
1)　岡山県久米郡久米町所在，大蔵池南遺跡。箱型炉と推定され炉床部の大きさが65〜85×138cmの製錬炉が6基と鍛冶炉1基が検出されている。
　　森田友子ほか『稼山遺跡群』Ⅳ，久米開発事業に伴う文化財調査委員会，1982
　　広島県世羅郡世羅町黒淵所在，金クロ谷遺跡。広島大学考古学研究室調査。報告書未刊。炉床部80×100cm程度の楕円形を呈するもの2基検出，採取鉄滓には砂鉄系と鉱石系が確認されている。未発表。
　　福岡県福岡市西区拾六町コノリ所在，コノリ池

遺跡。丘陵斜面に6基の製錬炉が存在したという。炉型不詳，報告書未刊。
　　三島　格「福岡平野の製鉄遺跡」『和白遺跡群』（福岡市埋蔵文化財調査報告書第18集）1971
　　福岡市西区野方新池所在，野方新池遺跡。1971年の調査において2基の製錬炉が検出された。調査報告未刊のため詳細不明。
　　柳澤一男「福岡平野を中心とした古代製鉄遺跡」『広石古墳群』（福岡市埋蔵文化財調査報告書　第41集）1977。福岡平野では，他に大牟田古墳群の7号墳墳丘下炉址遺構を，一部では製錬炉として扱われているが，製鉄炉ではなく祭祀遺構と考えられる。ただし古墳の墳丘盛土中には大量の鉄滓が混入しているので製錬は行なわれていたであろう。該地での製錬炉は未検出とすべきである。
　　福岡県太宰府市池田所在，油田遺跡。炉址は不明瞭ながら径100cm，深さ40cmほどの焼跡ピットを製錬炉に想定している。時期は明記されていないが，同一調査区の古墳出土須恵器から7世紀前半と推定。なお供献鉄滓も検出されている。
　　宮小路賀宏・栗原和彦「池田遺跡」『福岡南バイパス関係埋蔵文化財調査報告』第1集，福岡県教育委員会，1970
2)　大澤正己「古墳出土鉄滓からみた古代製鉄」たたら研究会編『日本製鉄史論集』1983
3)　和島誠一「鉄器の成分」『月の輪古墳』1960
4)　清永欣吾『扇谷遺跡出土品の調査』日立金属安来工場冶金研究所，1983
5)　大澤正己「王子遺跡出土弥生中期末〜後期初頭の鉄滓と鉈の金属学的調査」『王子遺跡』（鹿児島県埋蔵文化財発掘調査報告書　第32集）鹿児島県教育委員会，1984
6)〜9)　大澤正己前掲書 5) 所収
10)　大澤正己「松木遺跡出土鉄滓の金属学的調査」『松木遺跡』下巻（那珂川町埋蔵文化財発掘調査報告書　第11集）那珂川町教育委員会，1984
11)　鳥取県埋蔵文化財センター清水真一氏よりの提供鉄滓。未発表。
12)　北九州市教育文化事業団埋蔵文化財調査室調査，報告書は1985年度予定。なお潤崎遺跡出土鉄滓を製錬滓と分類するのに対して，佐々木稔氏より異論が唱えられている。チタン分が20.4％と高く，鉱物組成にウルボスピネルが晶出するのは，脱炭のために酸化剤として砂鉄を添加して成分濃縮したのであって，還元製錬滓ではなく酸化精錬スラグという解釈であり，炉址との関係から慎重に検討すべきだという意見である。
　　大澤正己「冶金学的見地からみた古代製鉄」『古代鉄生産の検討』古代を考える会，1984，討論1の佐々木氏発言。56〜57頁。

特集 ● 古代日本の鉄を科学する

製鉄炉と鉱滓の分析

炉型の基本的な構造および変遷はどうたどれるだろうか。また全国の遺跡の特色，さらに鉄滓の組成はどう考えられるだろうか

製鉄炉跡からみた炉の形態と発達／製鉄遺跡からみた鉄生産の展開／製鉄遺跡で採取される鉄滓の組成

製鉄炉跡からみた炉の形態と発達　　県立神戸甲北高校教諭　土佐雅彦
　　　　　　　　　　　　　　　　　　　　（とさ・まさひこ）

竪型炉や箱型炉，円形炉など古代にはさまざまな炉型がみられ，いくつかの製鉄法が重層して共存していたと考えられる

1　はじめに

　中国山地の山あいを尋ねると，あちらこちらで金糞（鉱滓）が散見される。大抵の場合，その付近を探し歩くと砂鉄を原料に鉄を生産した跡，たたら跡に出会う。江戸時代の後半には，全国の産鉄量の 90％ 以上を独占したといわれるこの地域では，こうした遺跡の大半が近世たたら製鉄遺跡である。このたたら製鉄法では炉長辺の両側に吹子を備えた細長い西洋風呂形の製錬炉を用い，原料の砂鉄・木炭を層状に充填した炉内に吹子から分配された送風を木呂竹・保土穴を通して放射状に送りこみ，還元，生成された鉄を得る。記録や伝承などから，私たちはこの製鉄法を日本古来のものとして想起しやすい。

　ところが，十数年前から中国山地以外の広範な地域で製鉄関係の遺跡が知られるようになった。鉱滓や炉壁の散布などから，それらの遺跡では製品を加工する鍛冶だけでなく，鉄製錬に従事したことが明らかである。さらに，たたら製鉄法とは全く系譜の異なる製錬炉を用いた遺跡も確認されている。発掘調査の結果操業年代の明らかとなった遺跡では，奈良・平安時代の例が多く，古代の鉄生産は私たちが近世の鉄生産から想像し得る姿とはかなり異なっていたとみなければならない。

　ここでは，解明されつつある古代の製鉄遺跡について炉型を中心にみながら，鉄生産の一端を探りたい。

2　さまざまな炉型

（a）半地下式竪型炉

　先のすぼまる円筒状や丸みをおびた方柱状の炉体をもち，炉断面に比べ炉高が高い。斜面の三方を掘りこんだ壁に粘土を貼りつけ，解放された炉の前部へも粘土を巻くようにして炉体を築く。こうして炉底部の径 50〜80 cm，高さ 1 m 以上の比較的高い炉高を確保する。炉体を斜面に組みこむところから半地下式のものが多い。この類には宮城県嶺山 C，群馬県片並木，菅ノ沢，金井，伊勢崎東流通団地（カラー口絵参照），埼玉県大山，台耕地，花館ゴマンクボ，千葉県干潟桜井，花前，中ノ坪，新潟県真木山，富山県上野赤坂 A，南太閤山 II の 2 号炉（カラー口絵参照），静岡県岸，福岡県湯ヶ浦など 20 例程度が知られ，関東地方を中心に東北，北陸，東海，九州など全国各地に分布している。

　一方，これらの一群よりも広い長楕円形の底部をもち炉高は 1 m 程度，側壁が厚く炉頂が細長く解放された製錬炉が，青森県岩木山北麓の大平野 III 号，大館森山，孤野，熊本県小岱山麓の六反，

金糞谷，西原などにみられる。列島の北と南に特徴ある分布を示し，時期も古代末から中世初期に集中する傾向からすれば一つの炉型としてとらえることも可能であろう。しかし，いくつかの点から検出時ほど炉頂は解放されておらず，多少ともドーム状にすぼまるのではないかと考え，半地下式竪型炉の一変異形態とみておきたい。

この炉型の基本的な構造について，検出時には大半の例が炉の前部を欠いているものの，菅ノ沢では３基のうち２基までが粘土を巻いた炉の前部の上半（炉胸部）を残存させていた。一方，伊勢崎東流通団地などでは炉の前部の下半に石組みが施してあり，操業時には炉の前部下半に開口部（炉門）が設計されていたことがわかる。炉頂，炉門を除く炉の開口部としては，斜面上手の作業面から炉の背面に続く小孔がみられることが多い。西原１号炉ではここからずり落ちた形で羽口が検出されており，伊勢崎東流通団地ではこの部分に石製の羽口装着用ソケットが検出されている。したがって，この炉型では炉の背部上方の作業面から吹子送風がおこなわれたことが確実であろう。しかし，炉背孔の位置は全般的にやや高く，大山出土の大型羽口などからみれば，炉門を使用した自然通風が操業のある時期を占めていた可能性も残されている。多くの例で丘陵の縁辺部斜面に群をなして立地するのは，斜面下方から吹き上げる風の特性と関係するのかも知れない。

製錬炉に付属する施設として，炉の組みこまれた斜面の上方と下方を平坦に整地し，それぞれを作業面としている。上段には原料投入や吹子送風に，下段には廃滓・粗鉄の取り出しにと忙しく立ち回る人々がいたことであろう。下段作業面の炉前庭部には微細な鉱滓・木炭が薄く層状に堆積しており，炉内に補修の跡がみられることなどからも少なくとも何回かは操業される炉であったと考えられる。原料には砂鉄を用いている。出現の時期は今のところ８世紀初～前半におかれ，12世紀までは確実に存続する。

（b）長方形箱型炉

炉床部の平面形が100×50cm程度の長方形の焼土や還元部，掘りこみとして確認され，高さが60cm程度の箱形の炉が推定される一群である。兵庫県西下野，岡山県石生天皇，石生天王南，高本，キナザコ，大蔵池南，緑山，福岡県八熊など，岡山県を中心とする中国山地と九州の糸島半島に

10例程度が知られている。

一方，長さ３m，幅１m程度の細長い掘りこみ内に木炭粉・焼土などを充塡した炉床下の防湿施設が検出されている例もある。わずかに遺存した炉床部には，炉内残留滓がみられることも多い。推定される炉の規模もやや大型化した前者の発展形態とみてよいであろう。千葉県取香７号址B炉（カラー口絵参照），富山県南太閤山Ⅱの１号炉（カラー口絵参照），石太郎C，東山Ⅰ，石川県天王山１号，広島県大矢，矢栗２号など関東，北陸，中国山地などに10例近くが分布している。さらに，北部九州には福岡県門田，丸ヶ谷など，防湿施設と炉短辺両端の円形ピットとが組み合わさって瓢形のプランを示す一群がみられる。

長方形箱型炉の基本的な特徴について，斜面をL字形にカットして整形した平坦面を作業場とし，その中央部にほぼ斜面に平行して自立型の炉が築かれる。炉床下の防湿施設をもつ例では，炉底面よりも一回り大きな掘りこみ内に木炭粉・焼土などを充塡する。大がかりな場合，掘りこみ内に粘土を貼りつけ，一度焼いたうえで施設の基礎としたり，その両側に溝をめぐらせて防湿度を高めたりしている。

さて，この類の製錬炉では各回ごとに炉を構築し直したらしく，操業時の構造が分かりにくくなっている。廃棄炉壁から知られるところでは，半地下式竪型炉と異なり，炉頂縁辺部がすぼまらず箱形のまま開放されていたことがわかる。さらに，キナザコ，八熊，矢栗などでは炉壁下半部に保土穴がみられ，その形状は単なる円孔でなく，炉壁内面にむかい三角錐状に収束していく形となっている。送風にかかわって，大蔵池南，石生天皇，大矢，矢栗，八熊などでは，炉の両長辺に沿い台状の高まりが検出されており，この部位に吹子が設置されていた可能性を高めてくれる。八熊では，長さ20～40cmほどの土製送風管も検出されている。炉の両側から吹子送風がおこなわれたかどうかや，八熊で推定されているように１本の送風管に一つの吹子が対応するのか，あるいは一つの吹子から放射状に分配送風がなされたのかなど，完全には解明されていない点も残されている。原鉱には砂鉄を使用している。

こうした点から長方形箱型炉のもつ基本的属性は，はじめに紹介した近世たたら炉のそれへの発展方向を示している。その出現時期は，今のとこ

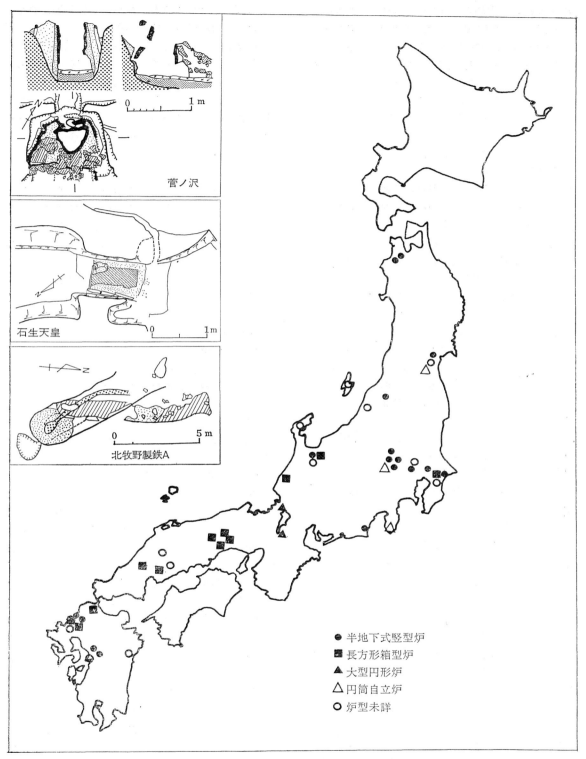

図 1 製錬炉の分布とおもな炉型

上：群馬県菅ノ沢遺跡2号炉（半地下式竪型炉）　中：岡山県石生天皇遺跡（長方形箱型炉）
下：滋賀県北牧野製鉄A遺跡（大型円形炉）

ろ大蔵池南の古墳時代後期（6世紀末〜7世紀初）を初源とし，中国山地・北部九州における限りは時期を追って順調に地下構造が発達していく傾向がみられる。しかし，関東・北陸などそれ以外の地方では，奈良時代にいわば唐突な形で出現し，かつ一定の地下構造を有する大型化した炉と考えられる点で，やや様相を異にしている。

（c）　大型円形炉

滋賀県野路小野山の製錬炉を示準例とし，製錬炉と排滓溝とが結合してしゃもじ状の平面形をなす一群である。同じく滋賀県の北牧野Aも，炉の組みこみを考慮すればこの炉型に含み得るであろう。製錬炉は径2m，深さ20cm程度の掘りこみ内を防湿加工し，その上部に築かれていたようである。炉前部では石組みを施したりしながら炉の前方へ長大な排滓溝がのびている。炉の形状を具体的に示すことは出来ないが，円形に近いプランをもつ自立型の炉であったようである。送風に関する資料は知られていない。

ところで，野路小野山では小指先大の磁鉄鉱が原鉱として検出されている。北牧野Aでも鉱滓の分析から鉄鉱石使用が推定されており，この炉型が鉄鉱石還元用製錬炉であった公算は高い。文献上よく知られた近江の鉄穴が鉄鉱石採掘場であった見通しも立ち，近江国に関する限り，鉄鉱石を原鉱とした鉄生産が主体をなすようである。国庁とも近く整然とした建物跡の配置などから，官営的色彩が濃いとも推測されている野路小野山のあり方は，この炉型の特質を語っているのかも知れない。一方，その他の地方でこの一群に属する見込みのあるものとして，大阪府横町，岡山県備中平などがあげられている。砂鉄製錬をおこなっているが，富山県安田にもあるいはその可能性があるかも知れない。近江国では，8世紀前半〜中葉に操業されたものと考えられている。

（d）　円筒自立炉

製錬炉を遺構として確認することには成功していないが，廃棄炉壁から炉頂径が50cm内外で比較的炉高の高い円筒形の炉が推定される一群である。径1m前後の焼ピットや掘りこみが炉底としてとらえられていることが多い。

静岡県日詰，金山など伊豆半島に分布するものがその示準例である。ここでの製錬炉は，炉頂部付近で厚さ5cm，幅10cm前後の薄い粘土帯を積み上げて構築し，下半部では炉壁の厚い形態をなしていたようである。しかし，炉下半部の原形をとどめた炉壁はみあたらない。炉下半部と推定される炉壁中には径10cm程度の円孔のある例がみられ，円孔中に排滓途上の鉱滓が充填している資料も存在する。多くの羽口が検出されており，炉壁体に羽口を取り付けた例もみられる。しかし，送風について炉の構造とかかわらせて解明されるまでには至っていない。原鉱には砂鉄を使用している。時期は平安時代の中〜後期と考えられている。秋田県中台，福島県山居，埼玉県西浦北など東日本に分布する炉底部の遺構と考えられる例をこの炉型に含み得るとするならば，半地下式竪型炉に近似する要素を導き出せるかも知れない。

これに関連して，京都府長岡京の推定春宮坊の一画では，遺構や鉱滓などを伴わないものの，この炉型の特色をもつ炉壁が検出されている。宮城内で鉄製錬が行なわれた可能性を低いものとみると，あるいは後代の鋳造用甑炉に相当するような二次精錬炉が存在したのかも知れない。今後，検討を要する問題であろう。

（e）　その他の炉型

各地に分布する製鉄遺跡のなかには，今のところさきにみた4炉型に含みきれないものも多く存在する。これらのうち4炉型以外の炉型，いいかえれば別の技術系譜が存在したかどうかが問題となろう。これに関連して，ここでは古墳時代の鉄生産について簡単にふれておきたい。

古墳に副葬されたとおぼしき状況で検出された鉱滓を検討した大澤正己氏は，6世紀後半〜7世紀前半に製錬滓が急増するのに着目し，日本での本格的な鉄生産をこの時期に求めようとされているようである[1]。一方，清永欣吾氏は橿原考古学研究所と共同で研究された古墳出土の鉄製刀剣の分析結果から，4〜6世紀にかけて，国産砂鉄以外を原鉱とする鉄素材からの製品化（鉄素材の海外依存）を想定されている[2]。弥生時代から国内での自給的鉄生産を認めようとする立場も根強く存在し[3]，これらの見解の当否はともかくとして，鉱滓を出土する古墳の集中する福岡県・岡山県は長方形箱型炉の分布する地域である。

しかし，福岡県池田，広島県常定峯双など，時期は確定できないものの，製鉄遺構として径1m前後の焼けたピットや掘りこみが確認されている例がある。詳細は不明ながら博多湾周辺には多くの製鉄遺跡が分布し，それらがすべて長方形箱型

炉を用いた鉄生産の所産かどうかについてもなお検討を要する。ここでは，炉型は不明瞭であるが，奈良時代以前から円形に近いプランをもつ製錬炉が存在し，古代にもその系譜が残存した可能性を想定しておきたい。

3　古代の鉄生産について

　鉄の酸化物である原鉱から金属鉄を取り出す製錬工程には，酸化鉄を還元させて金属鉄に化学変化させることと，原鉱中の脈石成分（不純分）を金属鉄から分離し鉱滓として排出する2側面がある。還元に使用されるのは木炭から発生する炭素であるが，さらに金属鉄と炭素とが化合する程度によって錬鉄から炭素鋼，鋳鉄へと鉄の質状が変化をとげることになる。現代の高炉のように原鉱が一気に融体化してしまうほどの高温下でない場合，酸化鉄は赤熱固体もしくは固溶体のまま金属鉄となり，脈石成分や未還元鉄は造滓材としての炉壁粘土と反応し流出滓として除去されると考えられる。これらの炉内反応と製錬炉の構造とは密接にかかわっているが，なかでもどのように炉内へ酸素が送りこまれ，還元反応を進める一酸化炭素が供給されていたかが重要であろう。一般的には，炉断面に比べ炉高の高い炉がそれだけ吸気力が強いことになる。半地下式竪型炉などに自然通風を想定する余地があるのもそのためである。しかし，吸気力の劣る長方形箱型炉などの場合，すでにみたとおり人工送風を示唆する多数の資料が知られており，その他の製錬炉でも吹子送風を前提にしていたとみてよい。今のところ吹子そのものは検出されていないが，存在した可能性の高いものとして皮吹子や踏吹子などがあげられる。

　さて，操業にあたっては，原料として原鉱・木炭・炉壁粘土などが大量に必要とされた。いずれも付近で調達されたようであるが，とりわけ木炭は製鉄場に付設された窯で生産された例が多くなっている。原鉱にはほとんどの場合砂鉄が使用されており，今のところ鉄鉱石の単味製錬が考えられるのは近江地方の大型円形炉のみである。これらの原料を調達した後，製錬炉を築き乾燥させる。木炭，原鉱を充填して点火し，吹子による送風で炉内温度を上げていく。還元反応の進行に伴い流出滓を排出し，充填物の降下をみながら原鉱と木炭を互層に追加投入する。炉壁の侵食や還元鉄の成長をみて，操業が困難になった時点で終了

する。ここで推定した操業では，炉内で生成された低炭素系の還元鉄を炉の全体ないしは一部を破壊して取り出す方法を予想している。

　一方，製錬炉付近に取り残された小鉄塊の分析例によると，やや吸炭の進んだ鋳鉄も検出されており，半地下式竪型炉を中心に炉内固結した鋳鉄の生産を推定する意見も出されている[4]。融体のまま流し取る方法についても考慮の必要はあろう。しかし，廃棄状況下で検出された粗鉄の品質を一般化できるかどうかは疑問の残されるところである。製品の均質性よりも炉内偏析の大きさからくる多様性にも着目しなければならない。なお，生成鉄の鉄製品に至る工程も，現状では十分に解明されているとはいえない。

　さて，文献史料や出土木簡によると，古代の鉄生産地は中国山地沿いの播磨，備前，備中，美作，備後，伯耆，出雲の各国のほか，筑前，近江，能登，常陸などに限られてしまう。しかし，すでにみたとおり古代の製鉄遺跡はこの範囲を超えてはるかに広範に分布しており，むしろ各地での自給的生産が主体をなしたようである。そうしたなかでも地域によって分布の疎密が著しく，砂鉄埋蔵地域に相応しているように思われる。また，炉型が鉄製錬技術を表象しているとすれば，古代にはいくつかの製鉄法が重層して共存していたことになる。分布などからみて，各地での自給的生産を担ったのは，半地下式竪型炉や円筒自立炉などであったろう。関東地方などでは，ゆるやかな丘陵上に鍛冶工房群が，それをとり巻く斜面の一画に製錬炉群が位置する場合が多く，製鉄から鉄器生産までを一貫した作業工程とした体制がとられていたともみられる。埼玉県大山や千葉県花前では獣足形の鋳型が検出されており，仏具関係などの鋳鉄品も生産されていたようである。このような鉄および鉄器生産は，必ずしも鉄素材の流通を前提にしていないものとも受け取れ，律令体制下ではその周縁部においてみられたものと考えておきたい。

　一方，長方形箱型炉の分布する地域はさきの古代産鉄国とほぼ重なるといえる。各地域での自給をまかなうのみならず，他地域へむけての鉄素材生産をも担っていたところから，この炉型が調・庸などの国家的鉄需要を負担し得たものとみておきたい。やがて，長方形箱型炉の系譜は，炉の大型化とともに防湿施設の発達を特色とするように

45

作業面上に長方形箱型炉（1号炉）と半地下式竪型炉（2号炉）とが重複して検出され，それぞれ奈良時代，平安時代（10世紀代）と推定されている。出現時期をめぐるこのような事例は千葉県下でも報告されており，これらの地域では奈良時代にみられた長方形箱型炉の系譜が途絶え，半地下式竪型炉にとって変わられたのではないかと考えられている。このような見解が成立するかどうかなお検討を要すが，律令国家体制の確立期にあたり，強い国家的関与のなかで鉄の増産がめざされた可能性はあろう。京畿に近い近江地方で周辺とはやや異質な鉄鉱石製錬に使用されたと推定される大型円形炉がみられるのはその一例といえる。すでに一定の生産力を備えていた長方形箱型炉がこれらと関係し，各地に分布を拡大したものの，技術者の確保や経営主体，労働編成のあり方などに問題を抱え，十分には根をおろさなかった地域があったと想定することが許されるかも知れない。製錬炉の分布や時期を確定する作業を進めながら，さらに議論の前提を整備しなければならないであろう。

以上，古代の鉄生産について炉型を中心にみわたしてきた。未解明の課題も多く，中世への展開も不十分である。しかし，古代においていくつかの画期を経ながら，多様な自給体制が形成されていったことは確かなようである。全国各地で積極的な鉄生産がおこなわれ，重層的な鉄生産技術の展開されたこの時代は，私たちに豊かな歴史へのイメージを抱かさずにいない。

註
1) 大澤正己「古墳出土鉄滓からみた古代製鉄」日本製鉄史論集，たたら研究会，1983
2) 清永欣吾「奈良県出土の鉄刀剣の分析」奈良県立橿原考古学研究所例会発表資料，1982
3) 潮見 浩「わが国古代における製鉄研究をめぐって」日本製鉄史論，たたら研究会，1970
4) 大澤正己「千葉県下遺跡出土の製鉄関係の分析調査」研究紀要，7，千葉県文化財センター，1982

参考文献
和島誠一「製鉄技術の展開」日本の考古学Ⅵ—歴史時代（上），河出書房新社，1967
穴沢義功「鉄生産の発展とその系譜」日本歴史地図—原始・古代編（下），柏書房，1982
土佐雅彦「日本古代製鉄遺跡に関する研究序説」たたら研究，24，たたら研究会，1981

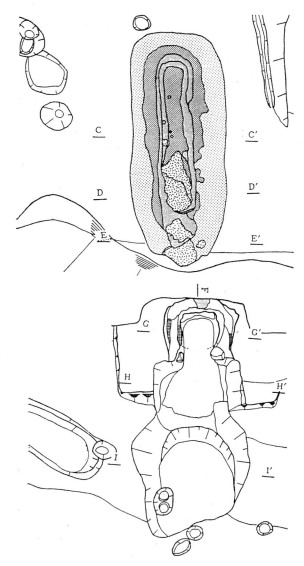

図2 富山県南太閤山Ⅱ遺跡の製鉄炉（『南太閤山Ⅱ遺跡』より）
上：1号炉（8世紀） 下：2号炉（10世紀）

なる。室町期に下ると推定される広島県石神では，炉床下を厚い粘土層で焼き固め，その両側に直立する小溝をめぐらした内部を木炭粉で充塡している。同様の地下構造は広島県矢栗1号でも検出されており，広島県大矢を契機に中国地方ではこうした形態の地下構造が定式化されたかにみえる。こうして中世を通じて発達を続けた地下構造は，炉直下の施設が本床に，両側の小溝が小舟にと近世たたら炉に特徴的な床釣り施設として確立していったものと考えられる。

ところで，富山県南太閤山Ⅱでは，ほぼ同一の

製鉄遺跡からみた鉄生産の展開

千葉市遺跡調査会
穴澤義功
（あなざわ・よしのり）

わが国古代の製鉄技術大系のあり方は，製鉄炉型によって，長方形箱型炉と半地下式竪型炉の２つに類型化することができる

1 はじめに

製鉄遺跡研究のシンボルともいえる古代製鉄炉の型式に，大きく箱型炉と竪型炉の２系統の技術が存在するという点については，ほぼ定着しつつある意見であろう。しかし，それ以外の炉型式が存在するのかどうかをめぐっては意見が分かれ，統一的な理解に達しているとはいえない状態にある。そこで製鉄史理解の上ではこの点をもう少し整理する必要が急がれ，今回はその代表例として鉱石系大型円形炉を取り上げ，ついでその他の製鉄遺跡の諸相をさぐってみたい。

2 野路小野山型鉱石製錬炉の再検討

7・8世紀の近江を中心に摂津・美作・備中にも分布がおよんでいる野路小野山型の大型円形炉の遺跡は，鉱石を原料に用いる点やその炉床が径2mほどの円形であるという点で特異なもので，大陸に起源を持つ第３の製鉄炉技術として論議が積み重ねられて来た。最近刊行された，『野路小野山遺跡発掘調査概報』もこの前提の上に立って詳細に報告がなされている。しかし果してそうなのであろうか。先の２系統の一方の古墳時代からつらなる箱型炉技術の流れの中で理解できるのではないかというのが今回の提唱である。

鉱石系の製錬滓を出土する遺跡は，野路小野山遺跡を代表とする古代近江だけでなく，広く中国地方にも分布している。岡山県津山市の築瀬古墳群出土古墳供献鉄滓，同じく狐塚遺跡，ビシャコ谷１号墳，アモウラ遺跡，東蔵坊遺跡，鏡野町剣遺跡，製鉄炉を伴った落合町須内遺跡，上房町備中平遺跡などが鉄鉱石単味使用であり，広島県世羅町の金クロ谷遺跡では砂鉄と鉱石の２本立操業が指摘されている。一方，木炭窯の技術からみても近江の製鉄遺跡と西日本を中心とする長方形箱型炉遺跡を区別することはできないのである。

大橋信弥氏は野路小野山遺跡の概報の中で製鉄炉の構造について予備的とことわりながらも次のように述べている。「本遺跡の構造については，詳細は判明しないが，他に類例のない特異なものである。炉床部分が円形であることは，いわゆる竪炉タイプに類似していると言えるが，それに湯道がつき，前庭がついて，さらに長い排滓溝がつくという構造は，他に例のないものである」としている。

しかし，概報の図や解説，それに現地での所見ノートの検討からは製錬炉そのものの認定に疑問を持つのである。つまり今回の概報で製錬炉の炉床部分としているのは排滓壙の片方で，製錬炉はここで湯道としている長方形部分，7号炉でいえば長さ130cm，幅60cmの長方形の粘土貼部分に相当すると考えた方が，1号炉の石組みや2号炉の炉内残留滓の位置や形状も納得いくのである。

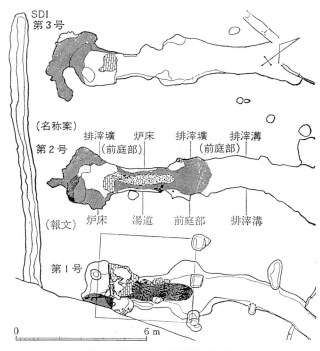

図1　野路小野山遺跡製鉄炉実測図
（『野路小野山遺跡発掘調査概報』より）

さらに1号炉や7号炉の柱穴様の小穴もこの湯道部分をまたぐように配置されている。

こうした見解に立つと，1〜3，7号炉のすべての炉が今まで湯道と呼ばれていた長方形箱型の炉床部の短辺両側に円形の排滓壙（前庭部）を持つ一般的な長方形箱型炉の基本プランとほぼ一致する点が多いのである（図1）。

1号炉の湯道のように長方形箱形炉の側壁基部に列石を埋め込む例は，岡山県大蔵池南遺跡4号炉，石生天皇遺跡，緑山遺跡1号炉，鳥取県大河原遺跡1号炉，富山県安田遺跡などでも知られており，一方，2号炉の炉内残留滓のように長辺のせり上る長方形の炉内ブロック滓の検出例も千葉県御幸畑遺跡の18号A・B炉や富山県下の箱型炉の遺跡によくみられる共通点である。

以上のように野路小野山遺跡の製錬炉を箱型炉の一種で，東日本に多い作業場に対し炉を縦置きにしたものとみることによって，鉱石製錬技術の消長も一般的な箱型炉の流れの中で解釈でき，製鉄技術の流れを統一的に理解する出発点とすることができるのである。

こうした鉄鉱石を原料とする製錬技術が，箱型炉に本来伴うものかどうかは今後検討を加えていかなければならないが，朝鮮半島の製鉄原料として金海地方の含チタン磁鉄鉱や含銅磁鉄鉱の存在が検討されており，可能性は高いものと考えられる。またこのタイプの遺跡が6世紀から8世紀にかけての律令国家の逼迫した鉄需要に応じ得るものとして地域の鉄資源を有効に利用しようとする努力の表われとみれば，当時の国家的な鉄生産に対する考え方も読み取ることができそうである。

3　製鉄遺跡の展開

古墳時代の中期に西日本の一部で開始された鉄の生産は，奈良・平安時代にかけて遺跡数の飛躍的な増加と空間的な拡散期に入り，わが国の広い範囲で行なわれた。それをささえていたのは，豊富な原料資源と重層的な鉄生産技術の流入・発展であったと推定される。

文献や出土木簡にみえるわが国古代の鉄生産地は，8世紀以前のものとして，近江・播磨・（美作）・出雲，8世紀前半では，常陸・播磨・美作・備前・備中・備後，8世紀の後半では，近江・美作・備前・備中の国々がみえる。9世紀では備後，10世紀前半では『延喜式』によると，伯耆・

美作・備中・備後・筑前などの国々がみえ，11世紀には能登・若狭・（讃岐）が加わる。

これらの国々の鉄は，国司の関与するものや調・庸として貢納されるものを中心とし，当時の国家的な需要に応じたものといえる。これに対して，製鉄遺跡の分布と年代でみるかぎり，前述の国々よりはるかに広範に鉄の生産が行なわれており，各地域の需要を満たしていたことがうかがえる。実はこうした自給的生産体制の広範な展開こそ，わが国の鉄生産の特色なのである。

製鉄遺跡の分布を調べてみると，そこには密集地帯と希薄地帯が認められる。密集地帯の多くは，製鉄遺跡群と呼ばれる大産地を形成する場合が多い。こうした製鉄遺跡群にはいくつかの共通点を見出すことができる。その第一は原燃料の地域的つながり，第二には前代の鍛冶技術の存在，第三は特定の製鉄炉技術の優位，第四には後背地域に広範な供給圏をひかえていることなどである。

こうした製鉄遺跡群は，古墳時代中期以降の北九州や中国地方の瀬戸内側を出発点に，奈良時代にはさらに東に拡大して北陸や中部地方，あるいは関東地方にまで生産を拡げ，平安末前後にはついに中部九州や東北北半にまで生産が及んでいる。これらの動きは，古墳時代から律令国家の全期間を通じて鉄が関与した意味をより一層明確にするとともに，製鉄技術の流れを見分ける好材料を提供してくれる。

わが国古代の製鉄技術大系のあり方は，その操業法と製品の鉄質にかかわる製錬炉型によってある程度，類型化してとらえることができる。それは，I型の長方形箱型炉とII型の半地下式竪型炉の2つの系譜である。この中には地域と年代差によって少なくとも9タイプの地方型が考え得る。

I型　中国地方を中心とし地下構造を持たない長方形箱型炉の大蔵池南型（I型a類），北九州を中心とし地下構造を持ち始めた長方形箱型炉の門田型（I型b類），畿内を中心とし鉄鉱石を原料とすることのできる長方形箱型炉の野路小野山型（I型c類），北陸を中心とし地下構造を充実させた長方形箱型炉の石太郎C型（I型d類）の4つを第一のグループとみることができる。このタイプの製錬炉は北九州から中国地方を中心に畿内，北陸，南関東にまで分布が認められ，古墳時代中期から始まるわが国の鉄生産の一翼をになう一方，国家的な収奪にも応じ得る高い生産力を備え

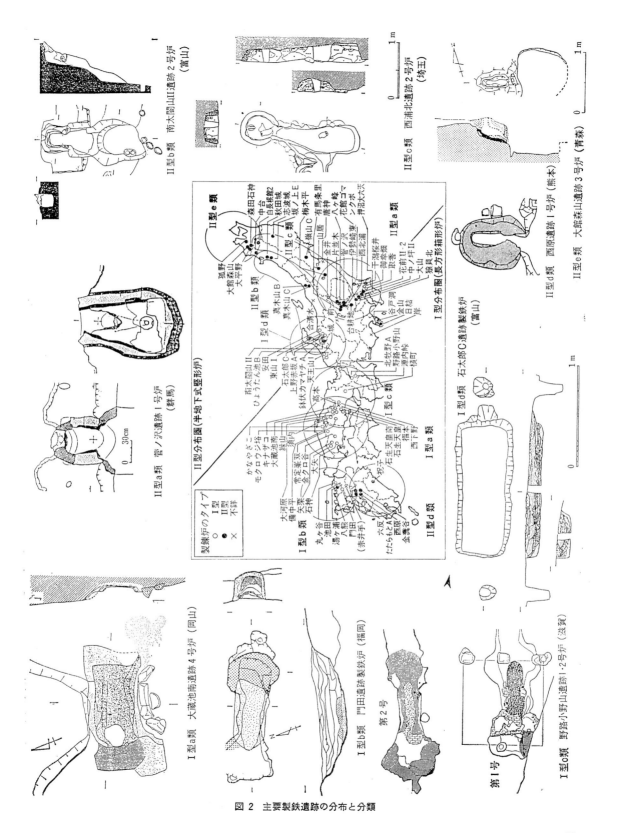

図 2 主要製鉄遺跡の分布と分類

ていた。またこのタイプの製錬炉は短い還元帯を特色とするため，強制送風による低チタン系原料の砂鉄や鉱石に向いており，低炭素系素材が多く生産された。また中国地方の近世たたら炉の祖型でもある。

Ⅱ型 これに対し北関東を中心とし斜面に埋め込まれた半地下式竪型炉の菅ノ沢型（Ⅱ型a類），北陸を中心にし炉床に傾斜を持たせた上野赤坂A型（Ⅱ型b類），関東から東北北半にまで分布を拡げる平地式の西浦北型（Ⅱ型c類），中部九州を中心とする炉床の狭い西原型（Ⅱ型d類），東北北半を中心とし炉床が極端に小さい大館森山型（Ⅱ型e類）の5つを第二のグループとみることができる。このタイプの製錬炉は，奈良時代の初頭から平安時代末にかけて，中部九州や北陸，関東，東北北部にまで分布を拡げ，東日本に多い難還元性の高チタン砂鉄を長い還元帯と自然吸気を利用した長時間操業で還元しうる高度な技術力を備え，加工に自由のきく高炭素系素材を多く生産した。どちらかといえば自給を中心とする東日本の鉄生産をささえていたのはこのタイプの製錬炉で，東北の一部では中・近世にも改良が加えられた形で生産を続けていた痕跡がある（図2）。

4 製鉄遺跡の諸相

製鉄遺跡とは，①採鉱，②製錬，③精錬鍛冶，④鍛錬鍛冶，⑤鋳造の5つの異なった生産段階を含んだ遺跡を総称する場合と，②の製錬段階のみを指し示す場合がある。

この内，①の採鉱段階の遺跡はほとんど知られていないが，『日本霊異記』に山中に穴を穿ち鉄を掘り取るという記述があり，実際に岡山県の稼山遺跡群では山の急斜面に小溝が多数検出され，一種の砂鉄採取用「鉄穴」の発展途上のものかとみられている。

②の製錬段階の遺跡は，製錬炉そのものは前述のようにさまざまな姿をとるが，遺跡は大きく分けると，製鉄から鉄器の生産まで，一貫した生産体制をとる大規模なものと，鉄製錬のみを行なう分業型の小規模な遺跡の2種類がある。たとえば，同じ8世紀の前半の遺跡でも滋賀県の野路小野山遺跡は前者であり，千葉県の中ノ坪Ⅰ・Ⅱ遺跡は後者の例である（図3）。

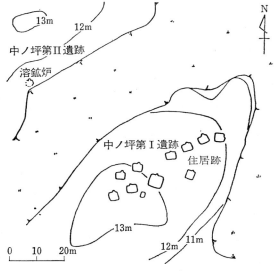

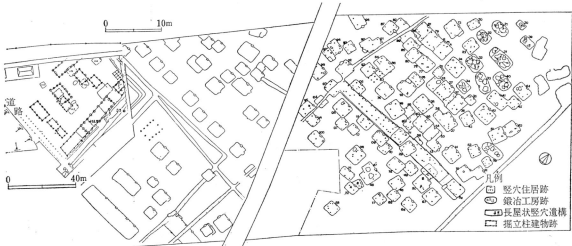

図3 小規模な製鉄遺跡（上）と大規模な遺跡（下）
上：中ノ坪Ⅰ・Ⅱ遺跡（「中ノ坪第Ⅱ遺跡」より）下：鹿の子C遺跡（『鹿の子C遺跡』より）

こうした製錬遺跡はその多くが斜面に作られ，㋑製錬炉，㋺炉に接する作業場，㋩送風装置を設けたふいご座，㋥砂鉄，木炭などの原材料置き場，㋭粘土採掘壙，㋬木炭窯，㋣鉱滓や土器の棄て場，㋠工人達の住居，などで構成されることが知られている。

　また遺物としては，ⓐ羽口，ⓑ炉壁，ⓒ鉱石あるいは砂鉄，ⓓ鉄塊系遺物，ⓔ炉内滓，ⓕ流出滓，ⓖ木炭，ⓗ鋳型，ⓘ土器，などが主なものであろう。

　③の精錬鍛冶，④の鍛錬鍛冶の遺跡は，経営主体によって官と民に区分できる例が多く，工人層も専業集団から徐々にではあるが解体され，農村部に進出する方向で変遷するようである。遺構の上では，官営工房が整然とした配置で，管理建物に接するよう設けられるのに対し，民間のものはかなり大きな集落でも，1，2棟どまりで，その多くはカマドを持つ農鍛冶である。

　遺構としては，㋑工房，鍛冶炉，㋩鉄床などの据跡，㋥作業ピット，程度のごく簡単な施設が多い。

　遺物には，ⓐ羽口，ⓑ鉄床（かなとこ），ⓒ鉄鉗（かなばし），ⓓ鉄鎚（かなづち），ⓔ鏨（たがね），ⓕ砥石，ⓖ椀形鍛冶滓，ⓗ粒状滓，ⓘ鍛造剝片，ⓙ各種鉄器の半製品，ⓚ製錬址より搬入された鉄塊系遺物，などがみられる場合もある。

　代表的な遺跡として軍団関係の遺構かといわれている茨城県の鹿の子Ｃ遺跡の工房16棟と300棟以上の大集落に1棟しか鍛冶址を伴わない神奈川県の向原（むかいはら）遺跡の例を挙げておこう。

　製鉄遺跡には大型の登り窯状の木炭窯を伴う事例が多くなり，その編年作業も急速に進んでいる。ここではスペースの関係で基本的な3タイプを挙げ，製鉄遺跡とのかかわりについて若干ふれておこう（図4）。

　Ⓐ類　古墳時代中期からみられる箱型炉技術に伴い出現し，8世紀の前半代まで残存する。構造は10m前後の長さを持つ半地下式で，壁は直立する。床面に数度の傾斜を持ち，焼成部から側面の作業場に通ずる横口を7〜8孔持つ点で他と区別される。岡山県緑山遺跡では製鉄炉2基に対し，この種の木炭窯が9基検出されている。福岡県から千葉県まで古手の箱型炉の遺跡に伴う例が多く，現在までに全国で18遺跡40基が知られている。白炭を焼成したという意見もあるが，証明されていない。

　Ⓑ類　奈良時代の初頭にⒶ類と入れ代るように出現し，平安初期まで残存する。構造は先のⒶ類から横口を取り除いたもので，煙道は1〜2孔となり，床面傾斜を強める傾向にある。福岡県の池田遺跡ではⒶ類の炭窯を切る例が確認されている一方，野路小野山遺跡のようにⒶ類2基，Ⓑ類4基が共存している例も存在する。分布圏は，福岡県から栃木県の間で律令体制の成立期に鉄生産を開始した奈良時代の箱型炉分布圏と考えられ，石

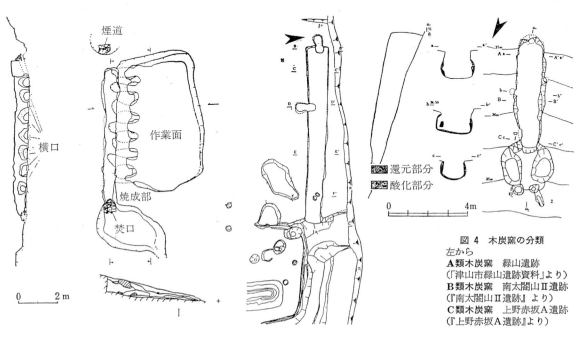

図4　木炭窯の分類
左から
Ａ類木炭窯　緑山遺跡
（「津山市緑山遺跡資料」より）
Ｂ類木炭窯　南太閤山Ⅱ遺跡
（『南太閤山Ⅱ遺跡』より）
Ｃ類木炭窯　上野赤坂Ａ遺跡
（『上野赤坂Ａ遺跡』より）

表 1　古代鉄生産の変遷

時代	画期〈代表遺跡〉	製鉄炉型	木炭窯	精錬	鉄器	その他	段階
縄文晩期〜弥生中期	鉄器の使用開始（縄文晩期）〈福岡・曲田遺跡〉					鋳鉄器・鋳鉄脱炭鋼	I
弥生中期〜古墳中期	鉄精錬の開始（弥生中期後半）〈福岡・赤井手遺跡〉		Ⓐ			炒鋼製品・鉄鋌	II
古墳中期〜奈良前期	鉄製錬の開始（古墳中期）〈岡山・大蔵池南遺跡〉	I-a / I-b・c・d		ⒷⒸ		供献鉄滓・鉱石製錬	III
奈良前期〜平安末	製鉄技術の拡散（奈良前期）〈千葉・中ノ坪Ⅱ遺跡〉	II-a / II-c・d・e / II-b				鋳鉄生産	IV
平安末〜室町	鉄の量産化（平安末）〈広島・大矢たたら〉						V

川，富山，群馬県下には比較的まとまった量が検出されている。木炭は反応性の高い黒炭であろう。

　Ⓒ類　須恵器窯に近い地下式のものと半地下式の両者が認められるが，いずれも床面傾斜は15度前後と強く，数個の煙道を持ち，壁面の湾曲する特色を持つ。奈良時代の初頭から平安時代の全期間を通じてみられ，福井から秋田県下までの東日本の竪型炉分布圏で一般的である。反応性の高い広葉樹の黒炭を焼成し，比較的炭素量の高い鉄を作り得たと考えられる。

5　鉄生産の画期

　最後にまとめを兼ねて，わが国の鉄生産の変遷を製鉄遺跡を中心にみておこう（表1）。

　弥生時代から歴史時代への生産力の発展にとって鉄が重要な役割を果したことは疑いない事実であろう。だが，鉄を列島内で生産するまでにはかなりの年月を要したのである。これを大づかみに段階づけるとすれば次の5段階を想定することができる。

　第I段階（縄文晩期〜弥生中期後半）

　少数の大陸系工具や鋳造鉄斧がもたらされる。福岡県曲田遺跡の鉄塊や長行遺跡出土の小型鉄斧，あるいは今川遺跡出土の鉄鏃などはこうした鉄器使用開始期の遺物である可能性が強い。また弥生中期には数少ないながらも大陸系の鋳鉄脱炭鋼製品が知られている。

　第II段階（弥生中期後半〜古墳中期）

　鍛冶技術の半島からの波及によって国産工具の初歩的な生産体制が整うが，鉄素材は鋳鉄系の搬入品が主である。鹿児島県の王子遺跡からは砂鉄系椀形鍛冶滓，福岡県の赤井手遺跡からは鍛冶炉が検出されている。また古墳時代前期後半には大陸系の炒鋼法による鉄素材を用いた鉄製品が一部に認められる。

　第III段階（古墳中期〜奈良前期）

　国産砂鉄原料による鉄製錬が北九州や中国地方の一部で開始され西日本に広く波及する。また鉄鋌や鍛冶具あるいは供献鉄滓の古墳への副葬が行なわれる。中国地方の一部では6世紀の後半以降に鉱石製錬も行なわれる。福岡県の潤崎遺跡からは5世紀後半の製錬滓が，岡山県の大蔵池南遺跡からは長方形箱型の製錬炉が検出されている。

　第IV段階（奈良前期〜平安末期）

　西日本では長方形箱型炉による砂鉄や鉱石の製錬が活発化するのに対して，東日本では背の高い半地下式竪型炉による高チタン砂鉄の製錬技術が定着，拡散する。千葉県の中ノ坪I・II遺跡はその初現的なものである。

　第V段階（平安末〜室町）

　製鉄炉技術の上で送風装置や防湿保熱構造の改良が進み鉄の量産化が計られる。こうした例は広島県の大矢，矢栗，石神，鳥取県のモクロウジ塔，大河原，島根県のかなやざこ，福岡県の丸ヶ谷などの長方形箱型炉系の各遺跡で認められ，鉄生産技術の発展期であったことを物語っている。

　以上，鉄生産の展開について製鉄遺跡を中心にみてきた。中でも長方形箱型炉による鉱石・砂鉄両系製錬の可能性の問題は，わが国の製鉄史に一石を投ずることになるだろう。

参考文献

1）大橋信弥ほか『野路小野山遺跡発掘調査概報』滋賀県教育委員会・草津市教育委員会，1984
2）土佐雅彦「日本古代製鉄遺跡に関する研究序説」たたら研究，24，たたら研究会，1981
3）穴澤義功「鉄生産の発展とその系譜」『日本歴史地図』原始・古代編（下），柏書房，1982
4）大澤正己「古墳出土鉄滓からみた古代製鉄」日本製鉄史論集，たたら研究会，1983
5）大澤正己「冶金学的見地からみた古代製鉄」古代鉄生産の検討『古代を考える』36，1984
6）穴澤義功「製鉄遺跡からみた鉄生産の変遷」同上

製鉄遺跡で採取される鉄滓の組成─■

東京工業大学理学部教授

桂　　　敬
（かつら・たかし）

鉄鉱石から製鉄の過程で排出された鉄滓の化学組成と構成結晶と
チタン量を比較することによって多くの知識をうることができる

1　鉄　　滓

　古代においては，製鉄によって排出される，い
わゆる滓（かす）をどのような言葉で表現してい
たかは定かでない（10世紀平安朝時代の『和名類聚
鈔』にも記載がない）。現代，いわゆる古代製鉄の
滓のことは，スラグ，鉱滓，製錬滓，精錬滓，
鉄滓，鉄渣，"のろ"，"からみ"あるいは"かなく
そ"などと呼び習わされているが，権威ある学会
などでも統一した用語は無い。個人個人が任意に
使用しているのが実状である。これら用語のうち，
"かなくそ"については，『和名鈔』に記載がある。
それによれば，錬落（加奈久曽）のことであり，鉄
鍛冶の際，飛び散る火の玉が空中で酸化されてで
きた雲母状の細かい剝片，すなわち，鍛造剝片の
事を意味し，製鉄とは何ら関係のない言葉であ
る。

　筆者がこれから使用する"鉄滓"という言葉は，
原料の鉄鉱石（砂鉄を含む）より金属鉄をつくる
（製鉄）過程で排出された滓のことを意味する。あ
る場合には，これらの鉄滓中には金属鉄塊，ある
いは海綿状鉄を含むものがあり，この場合には，
鉄滓は明らかに，高温で金属鉄と共存し，両者の
間には化学平衡が成立していたものと考えられ
る。

　さて，このような鉄滓の研究で，注意しなけれ
ばならないことは，使用する試料が，長年の埋没
状態のもと，水と空気により，酸化・風化されて
いないかどうかと言うことである。もともと，高
温で，酸素分圧の極端に低い，金属鉄と共存して
いた鉄滓中では，急冷されると，その中に含まれ
る鉄成分はほとんどが2価の酸化鉄，すなわち，
FeO として存在するものである。しかし，長年，
自然条件の下に放置されると，FeO 成分は Fe_2O_3
成分へと酸化される。この酸化がはなはだしい鉄
滓では，一般に，他の成分，例えば SiO_2，CaO，
MgO，Na_2O や K_2O などの成分は溶出してしま
い，鉄滓中のこれら成分の含有量は極端に少なく

なる。これに反し，Fe_2O_3 や TiO_2 などの成分
は，一見濃縮されたようになって，鉄滓中の含有
量は増加する。したがって，鉄滓試料の採取には
十分の注意を払い，新鮮な試料だけを取り扱う必
要がある。

　新鮮な鉄滓は，その大部分が，酸化物で表わす
と，次の 11 成分から成っているとみてよい：
SiO_2，TiO_2，Al_2O_3，Fe_2O_3，FO，MnO，MgO，
CaO，Na_2O，K_2O，P_2O_5。またある場合には，
ジルコニウム（ZrO_2）を 2 ％程度にまで含むもの
がある。これら成分のうち，Na_2O は少なく，ほ
とんどの場合，0.5％ 以下である。これら 11 成
分のうち，注意しなければならない成分は，前述
したように，Fe_2O_3 と FeO であろう。これら 2
つの鉄成分は合計して，FeO（合計），Fe_2O_3（合計）
あるいは，Fe（合計）などと表わすことがある。こ
の論文の Fe_2O_3 とは，鉄の総量を Fe_2O_3（合計）
として表わした値を意味する。

表 1
鉄滓構成成分の分布範囲

成　分	範囲(wt%)
SiO_2	15　〜30
TiO_2	0.1〜50
Al_2O_3	5　〜10
Fe_2O_3	10　〜60
MnO	0.1〜30
MgO	0.5〜10
CaO	0.5〜20
Na_2O	0　〜 0.5
K_2O	0.5〜 2
P_2O_5	0　〜 3

　一般の鉄滓中のこれ
ら 10 成分の含有量の
範囲は表1に示したご
とくである。表1から
明らかなように，これ
ら 10 成分はかなり広
い範囲にわたって分布
していることがわか
る。中でも，TiO_2，
Fe_2O_3，MnO，MgO お
よびCaO などの成分
は，極端に分布幅が広い。

2　鉄滓の粉末X線回折による分類

　鉄滓の粉末X線回折結果から，鉄滓がどのよう
な結晶から成り立っているかを決め，鉄滓を論理
的に分類することができる。われわれは，以下に述
べる結晶物質の同定を基にして，その鉄滓のおお
よその化学組成を推定することもできるのである。

　さて，一般に，鉄滓と言われているものは，ガ

ラス質物質に加えて，次の結晶の組み合わせからできているのが普通である。

1. ウスタイト（wustite, FeO）。時にわずかのMg などを含む。

2. 磁鉄鉱（magnetite, Fe_3O_4）。時にわずかのTi, Al, Mg などを含む。

3. かんらん石（olivine）。一般には鉄かんらん石（fayalite, Fe_2SiO_4）と Mg-かんらん石（forsterite, Mg_2SiO_4）の固溶体である。普通の鉄滓中には鉄かんらん石が主体になっている。鉄滓中にマンガンが多い時には Mn-かんらん石（tephroite, Mn_2SiO_4）を固溶している。

4. ウルボスピネル（ulvospinel, Fe_2TiO_4）。一般には Fe_3O_4 をわずかに固溶していて，少量のMg, Mn などを含む。

5. チタン鉄鉱（ilmenite, $FeTiO_3$）。時に Fe_2O_3 を固溶している。

6. フェロシュードブルッカイト（ferropseudobrookite, $FeTi_2O_5$）。わずかにシュードブルッカイト（pseudobrookite, Fe_2TiO_5）を固溶する。

これら結晶物質のうち，ウスタイト，あるいはウスタイトと磁鉄鉱を含むものは鍛冶滓が多く，わずかのウスタイトあるいは磁鉄鉱とかんらん石を含む鉄滓は原料として鉄鉱石（主として磁鉄鉱）を使用した鉄滓に見られる。かんらん石のみを含む鉄滓も存在するが，これも鉄鉱石を原料とした製鉄にしばしば見だされる。

砂鉄を原料とした製鉄法では，(1)ウルボスピネル，(2)チタン鉄鉱，あるいは(3)フェロシュードブルッカイトと言うような結晶が見だされる。この場合，ウルボスピネルはしばしばかんらん石と共存しているが，チタン鉄鉱の存在する場合には，かんらん石は存在しないか，あるいは存在してもその量は少ないのが一般である。フェロシュードブルッカイトが存在する時にはほとんどの場合，かんらん石は共存しない。また，フェロシュードブルッカイトとウルボスピネルは共存し得ない。しかし，ウルボスピネルとチタン鉄鉱，あるいは，チタン鉄鉱とフェロシュードブルッカイトの共存はしばしば見受けられるところである。これらの結晶(1), (2), (3)の組成からわかるように，それぞれの結晶中の TiO_2/FeO の比を見ると，これら結晶の順番にこの比が大きくなっている。

3 代表的鉄滓の化学組成

東北，関東，近畿および中国地方の製鉄遺跡約70 箇所で採取した，比較的新鮮な鉄滓約 530 個のうち，代表的な 9 個の化学組成が表 2 に示され

表 2 代表的な鉄滓の化学組成

	G-3	HKK-16	NT-2	OK-2	OY-3	HIT-3	HIT-2	IM-62	IM-9
SiO_2	29.42	29.29	26.75	15.38	24.21	28.07	33.44	9.27	21.11
TiO_2	0.16	0.21	12.48	27.28	24.62	21.14	32.78	53.38	41.23
Al_2O_3	4.39	7.74	7.47	3.81	5.81	5.34	4.29	4.93	8.59
Fe_2O_3	58.19	24.28	42.59	45.34	37.09	37.42	16.73	18.47	4.31
MnO	0.17	31.30	0.55	1.15	2.81	3.55	4.89	1.47	0.94
MgO	0.79	0.74	2.86	3.01	0.40	0.60	1.52	7.27	7.24
CaO	4.24	4.14	5.53	2.45	3.72	2.35	5.09	4.39	15.21
Na_2O	—	—	0.50	0.18	—	—	—	—	0.10
K_2O	0.93	1.56	1.08	1.23	1.14	1.52	1.26	0.85	1.25
P_2O_5	1.72	0.74	0.19	0.17	0.00	0.00	0.00	0.00	0.02
Total	100.01	100.00	100.00	100.00	100.00	99.99	100.00	100.00	100.00

G-3 滋賀県大津市源内峠製鉄遺跡。多孔質鉄滓。X線結果：鉄かんらん石のみからなる。

HKK-16 広島県世羅郡世羅町黒淵カナクロ谷製鉄遺跡。多孔質鉄滓。X線結果：かんらん石（マンガンかんらん石と鉄かんらん石の固溶体）のみから成る。

NT-2 千葉県成田国際空港内取香製鉄遺跡，7 号炉。鉄滓。X線結果：ウルボスピネルと鉄かんらん石。

OK-2 岡山県久米郡久米町神代字亀甲製鉄遺跡。ち密な典型的鉄滓。X線結果：ウルボスピネルとチタン鉄鉱と少量の鉄かんらん石。

OY-3 広島県山県郡豊平町大字吉木字本櫛 1965 番地大矢第 5 タタラ遺跡。流出滓。X線結果：チタン鉄鉱のみ。

HIT-3 広島県東広島市八本松町吉川石神製鉄遺跡。X線結果：チタン鉄鉱と少量の鉄かんらん石。

HIT-2 同上遺跡。X線結果：フェロシュードブルッカイトのみから成る。

IM-62 茨城県美野里町羽鳥字花館 2895-14，製鉄遺跡。金属鉄多数散在する鉄滓，金属鉄を分離後非磁性部分を試料とした。X線結果：フェロシュードブルッカイトとペロブスカイト（$CaTiO_3$, perovskite）。

IM-9 同上遺跡。金属鉄を含まない鉄滓，少量の白色小粒あり，磁性なし。X線結果：フェロシュードブルッカイトとペロブスカイト。

ている。これら大部分の試料は筆者の採取，分析によるものである。読者はこれら化学組成と構成結晶の種類をチタンの量と比較しながら，ごらん戴きたい。この組成を詳細に比較，読解することによって，いろいろの知識を得ることができるであろう。

表2に書いたX線結果からだけではわからないことを2，3説明しておく。HKK-16で，MnOが31%以上存在する事は，極めて異常であり，今までのところ，カナクロ谷の製鉄遺跡でしか知られていない。ここにMnOが多いのは，原料としての磁鉄鉱（鉄鉱石）が鉄―マンガン―ざくろ石と共存していたことによるのである。ここの磁鉄鉱はスカルン鉱床由来のものであることが判明している。また，G-3でP_2O_5が1.7%と多いのも異常である。ここの原料の磁鉄鉱も，スカルン鉱床としての鉱物である含水燐酸カルシウムと共存していたからである。このように，古代の製鉄原料としての鉄鉱石がスカルン鉱物であることは，興味深いところである。

なお，図1には関東地方の砂鉄製鉄による鉄滓中のTiO_2とMnOとの関係を示す。また，図2には，茨城県美野里町製鉄遺跡出土の鉄滓のFe_2O_3とTiO_2/Fe_2O_3の関係を示す。いずれもよい相関のあることがわかるであろう。

4 砂鉄還元法の化学的原理

砂鉄製鉄の化学的原理については，すでに，『古代日本の鉄と社会』[1]で，詳細に熱力学に基づいて，説明した。しかし，この説明は余りにも専門的であり，入門書としては不適切である。以下

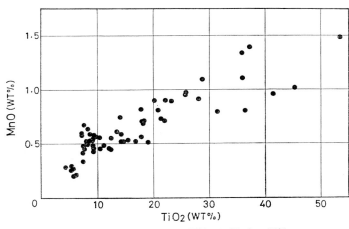

図1 関東地方出土鉄滓中のTiO_2とMnOの関係

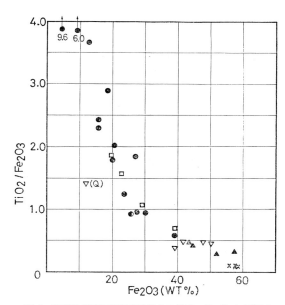

図2 茨城県美野里製鉄遺跡出土の鉄滓のFe_2O_3とTiO_2/Fe_2O_3の関係

に，簡単に古代製鉄の原理について説明しておく。

原料としての砂鉄は造滓剤の存在下，木炭の燃焼による発熱反応で発生する一酸化炭素の還元作用によって，金属鉄となる。これを反応式で示すと次のようになろう。

砂鉄＋造滓剤＋CO ⟶ 金属鉄＋鉄滓＋CO_2

一つひとつの反応物および生成物について簡単に説明しておく。

（1）原料砂鉄　一般にチタン磁鉄鉱であり，TiO_2は10%以下である。関東の砂鉄は7〜10%のTiO_2を含み，中国地方では5%以下が多い[2]。

（2）造滓剤
  （A）炉壁あるいは砂鉄中の不純物の導入
  （B）石灰岩，あるいは貝殻などの，人為的導入

（3）CO　木炭の不完全燃焼，鉄の還元

（4）金属鉄　炭素を含む。多い場合は2〜4%Cを（一般に銑，ずく）含み，融点が低い。少ない場合は0.5%以下であり（鋼），融点が高い。

（5）鉄滓　チタンの濃縮が行なわれる。造滓剤により約1,200℃

(最低)以上で液体が生成され，冷却により，ガラス化した部分がかなりある。この液体が急冷される途次，ほとんど大部分の場合急冷結晶として鉄かんらん石が晶出する。鉄かんらん石の融点は 1,205℃ であるので，鉄かんらん石の急冷結晶がある鉄滓は温度の下限が 1,200℃ であったと，考えられる。チタンの濃縮による，含チタン-鉄酸化物の組成，安定な酸素分圧(CO_2/CO 値で表現した)は表3に示した[1]。

（6） 二酸化炭素　生成した CO の一部の空気酸化

以上のうち，式の左の反応物を右の生成物に変化させる推進力となるものは，各種固体物質を取り巻く，炉内の気体中の CO_2/CO 比なのである。表3には，1例として，温度が 1,350℃ のとき，砂鉄(チタン磁鉄鉱であれば，その化学組成は任意でよい)から金属鉄ができる場合の，それぞれの含チタン-鉄酸化物が安定に存在する CO_2/CO の範囲を示している。表3から明らかなように，炉内の気体中の CO が多いほど，金属鉄と共存する酸化物のチタンは多くなり，$Fe_2TiO_4 \to FeTiO_3 \to FeTi_2O_5$ というように移行して行く。それらの過程は表2の鉄滓の化学組成と結晶物質を比較，参照して戴きたい。CO の多い方が，収率よく，すなわち，鉄滓中に FeO を少なく，多量の金属鉄を造ることができるかを理解して戴きたい。

さて，これら反応物質のうち，造滓剤(B)の石灰岩，あるいは貝殻などの人為的導入については注意しなければならない。造滓剤とは鉄滓の流動性を良くし，鉄滓と金属鉄の分離を円滑にするため，無くてはならないものである。造滓剤としてCaO(あるいは CaO+MgO)成分を加えるとい

表3　1,350℃で金属鉄と共存する含チタン-鉄酸化物

	Fe_2O_3	FeO (Wt %)	TiO_2	安定 CO_2/CO の範囲
Fe_2TiO_4 (わずかの Fe_3O_4 あり)	0	64.3	35.7	0.29〜0.20
$FeTiO_3$	0	47.4	52.6	0.20〜0.19
$FeTi_2O_5$	0	31.0	69.0	0.19〜0.03
純粋な砂鉄の1例*	55.5	37.5	7.0	

これら酸化物はいずれも，その融点は1,400℃以上である。
* 砂鉄は 0.2 モルの Fe_2TiO_4 と 0.8 モルの Fe_3O_4 から成るものとした。

うことは，現在の高炉法でも採用しているところである[2]。この方法は古代の中華人民共和国の製鉄法において，炒鋼法として知られているものとのことである[3]。この方法が古代の日本の製鉄でも，用いられていたということは，ある種の鉄滓に異常に CaO+MgO が多いことでも，明らかである。その良い例は表2の IM-62 や IM-9 が示している。

以上，製鉄遺跡から発掘された鉄滓について，その化学組成の大要と，砂鉄製鉄の原理，および古代日本における炒鋼法の使用例などについて，そのあらましを解説した。

註
1) 東京工業大学製鉄史研究会編『古代日本の鉄と社会』平凡社選書, 78, 1982
2) 桂　敬「千葉県の製鉄遺跡より出土の鉄滓の化学的研究」千葉史学, 3, 1983
3) 村田朋美ほか（新日本製鉄基礎研究所製鉄史研究会）「"稲荷山鉄剣"表面錆の解析」MUSEUM, 378, 1980

古代刀に必要な地金

■ 隅谷正峯
重要無形文化財日本刀技術保持者

1 日本刀鍛錬研究所

その昔，夏山に白衣をかけて，雪の景色を現わしたと伝えられる洛北の衣笠山山麓に，立命館の理工学部が出来たのは昭和13年ごろであった。折しも戦雲急を告げ，資材なども不足勝ちとなり，人的資源も底が見え始め，大学になる予定がついに3年制の工業高専になり，その上数カ月の繰り上げ卒業といった状態になったのである。

この立命館の理工学部に衣笠山の松の翠を背景に「立命館日本刀鍛錬研究所」という日本刀鍛錬所があったことは，戦後の立命館の歴史からは抹殺されている。立命館としては敗戦後生き残るための手段としてこのようになったことと思うが，最近聞いたところによると，戦後早速大学に昇格させるため文部省に申請書を出したところ，立命館は戦時中理工学部に名を借りて武器の製造をしていたとクレームをつけられ，それが「日本刀鍛錬研究所」のことだと知り，あわてて隠したようである。とはいえ，戦後の大学の理工科では，立命館の理工科は第1号だそうである。

京都の遅咲きの桜の名所，円山公園やお室の仁和寺の八重桜もそろそろ散り初めたころ入学した北大路の仮校舎から，衣笠山の新校舎といっても戦時中のことでもあり，木造モルタールの校舎に移った数日後，校舎の裏手に赤松の翠を背にして「立命館日本刀鍛錬研究所」と書いた標柱を見た時の感激は今でも鮮明に脳裏に焼きつけられている。

その中，同好の士7，8人で日本刀愛好会と称する今でいうクラブ活動を始めた。

鍛錬所の所長，桜井正幸先生から週1回作刀の講義を聞き，日曜日には交代で向槌をやりながら半年かかって小刀を1本ずつ作り終えた時は感激であった。桜井所長はまことに親切に学生に接していただき，知識も豊富で，両手にチョークを持って右手で日本語を，左手で英語を黒板に書いての講義はほん当に楽しい数時間だった。私はその中でいつの間にか桜井先生の魅力のとりこになって行った。

卒業も近づいたころは「大東亜戦争」その前夜といった時代で，若人はすべて戦に征くことが当然と考えていたので，私は地獄の閻魔さまへの娑婆の土産話を1つ作るような気持で鍛錬所に残ることになった。

2 作刀の世界

学校では機械工学が専攻なので，一応鉄冶金の初歩は学んだのだが，作刀の世界に入ってみるといかに古刀地鉄と，新刀といわれている江戸期以後の地鉄のちがいが

想定した刃紋をつくり出す土置き作業中の隅谷正峯氏

あるかを知り，いかにして応永（室町上期）以前の地鉄に挑戦するかが生涯の課題となった。

その当時はすでに戦時下でもあり，すべての物資には配給制度が適用され，極度の物資不足の時であり，これといった考古学的書籍もなく，質の異なったわら判紙で作られたヨハンゼンの『鉄の歴史』の翻訳書ぐらいが手許にあるだけだった。

当時の刀剣界における古刀地鉄に対する考え方として，砂鉄を木炭という燃料を使ってより低温で還元されたとする考え方が圧倒的だった。この考えを信じて長い間振り廻され，作刀界に自家製鋼時代を作ったのではあるが，今考えると軽卒だったと反省もさせられる。何はともあれ，刀を作る者は作品に現われたことがすべてであり，いかに多くの理論より作品がものをいう世界で，古名刀のような作品が出来ないことには，いかなる理屈も通用しないことは作る者の泣き所である。

物資の不足，経済的な面はそのころ極限に達し，ついに備後の山中で敗戦と言うことになった。

戦に敗れて，刀剣も武器として戦後処理の対象となったが，関係者の努力によって一部は審査の結果美術工芸品として所持を許可されるようになったとはいえ，私たちには作刀の出来ない長い10年間であった。ようやく作れるようになったとはいえ，作品の売れない10年を経て，ようやくあかるくなったのは昭和40年ごろで，引続き刀剣ブームといわれる時代と続き，精神的にも経済的にも多少の余裕も出来ると同時に，長い間いろいろの面でどうにもならなかった古刀地鉄への探究心もボツボツ鎌首をもち上げてきた。

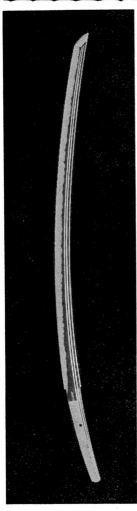
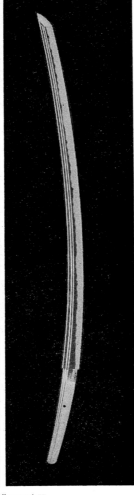

隅谷正峯氏作の日本刀

自家製鋼の操作

そして44年ごろだったと思うが，日本鉄鋼協会による出雲の国吉田村での菅谷タタラの復元操業などに刺激され，小型タタラによる製鉄を開発，公開したのは45年であった。しかし作られた鋼での作品は現代刀地鉄の範囲から抜け出すことは出来ず，かえって古刀地鉄に対する疑問が多くなり，小型の低温炉による製鋼と古刀地鉄が結びつかないことがはっきりしたことの方がむしろ収穫だった。

その後，自家製鋼の先輩である天田刀匠を知り，タタラ研究会の存在を知り，長谷川熊彦先生の来訪に接し，その後の先生の著書『日本古代製鉄と日本刀』などでの御高説を読み，森浩一先生の鉄鋌素材説など，ようやく古代製鉄の全貌が見えて来たようで，再びこれらの問題と取り組むことになった。

刀剣界の古刀地鉄に対するこれまでの研究方針として考えられていたことは，現代から江戸時代，そして室町時代へと古い時代を追いながら，刀の最も名品の作られた鎌倉時代に焦点を合わすよう教えられ，指導されてきた。私たち刀鍛冶はまず鎌倉時代に鑑える地鉄が作れるかが先決で，どうして作るかということの理屈は後のことである。この辺が作る者にとって一番の泣きどころで，作者の生命線でもある。そこで思いついたのが研究の方向を逆にすることであった。

まずまだ発達しない上古刀の地鉄が何んとか出来ないだろうか……。それが出来たとすれば，それからの500年ほどの発達の行程をたどれば，必ず鎌倉にまでたどり着くはずである。

絶対に幻の鉄にしたくはない。

最近発表された古代中国における「銑下げ法」や「炒鋼法」などはそれらを裏づけするに充分であり，勇気百倍で取り組んでいる今日このごろである。

近代工芸界で現代に生きる作品，自己主張の作品などいろいろにいわれているが，まず古代に存在した技術が解明され，その技術の上に立脚した作品であることの前提が必要と思われる。古い技がわからない，出来ないからそれをさけて現代や，自己を強調し，ひどいのになるとややこしい家系まで持ち出すに至っては，もう何をかいわんやである。

中国の古代製鉄の発表や，本邦におけるタタラ研究など，私たちの研究でもその裏づけとなり，何んとか古刀期の日本刀地鉄を幻にしないで済みそうだとの希望もあり，これら発表に対する感謝と同時に，もう一歩進めて，実験考古学も併せてやっていただくことが出来れば，お互い楽しいことでもあり，有意義ではないだろうか。私たちも是非その恩恵にあずかりたいものである。

特集 ● 古代日本の鉄を科学する

"えぞ文化"と擦文文化

蕨手刀やえぞ刀に代表される東北北部および北海道擦文遺跡に伴う鉄器文化の源流は果してどこに求めることができるだろうか

蕨手刀からみた東北北部の古代製鉄技術／擦文文化と鉄

蕨手刀からみた東北北部の古代製鉄技術

岩手県立博物館
高橋信雄・赤沼英男
（たかはし・のぶお）　（あかぬま・ひでお）

自然科学的手法を導入することにより，特有な刀剣である蕨手刀が豊富に出土する東北北部の製鉄技術について検討する

　東北地方北部には，北日本特有の刀剣ともいえる蕨手刀が数多く出土する。蕨手刀は古代の東北史を探る上で，また日本の刀剣史を辿る上からも，重要な位置を占めるとされている。これまでは主に形態的な側面からの調査が進められ，製鉄技術についてはほとんど検討されていない。
　本稿では従来の調査法に加え，新たに自然科学的手法を導入し，そこから得られた知見を基に，東北地方北部の古代製鉄技術について検討することとしたい。

1　東北地方北部の蕨手刀

　蕨手刀最古の発掘記録を紹介したものに星川正甫の『公国譚』(1875年)[1]がある。最近，この発掘記録の原典となったと考えられる文書が，出土した蕨手刀とともに発見された[2]。正甫の祖父，南部藩士星川吉寛が1797年（寛政9）に書いたものである。同文書によると，蕨手刀の出土地は岩手県和賀郡江釣子村の猫谷地古墳群か五条丸古墳群のひとつと推定される。同様の記録は，桂川甫周の『桂林漫録』(1800年)[3]にもみられる。東北地方北部において，特異な形姿をもつこの種の刀剣の出土が，早くより注目されていたことが知られる。

　蕨手刀の研究は，石井昌国氏によって集大成されている[4]。石井氏によると1965年までに全国で183刀の蕨手刀が確認されている。日本を東西に分けた場合，東国178刀，西国5刀と圧倒的に東国が多く，中でも東北地方125刀，北海道29刀と北に大きく偏っており，岩手県内からの出土が57刀と最も多い。しかも，岩手県内からはその後も発見が続き，現在66刀を数える。
　蕨手刀の分類も石井氏によって3型式が示されている[5]。東北地方北部の蕨手刀は，角塚古墳の墳丘から出土したといわれる1例を除くと，すべてⅠ型に属する。Ⅰ型は平造り，角棟で刃長は長く，柄身とも反りをもち，身幅が広いことなどを特徴とし，蕨手刀の約82％を占めるとされる。しかし，Ⅰ型には柄と刀身の形姿およびその出土遺構に明らかな差異が認められる。したがって，ここではⅠ型を3分類して記すこととする。

Ⅰa型（図2—1）

　柄反り，刃反りおよび柄の絞りともにないかあるいは極めて小さいことを特徴とする。柄の形は，棟と柄棟の方向が一致するものと，柄元に近い部分で少し絞り，そこからわずかに柄反りを示すものとがある。これら柄の形姿はⅠ型より古いとされるⅡ型に近似する。刃長は50cmを越える長寸

図1 蕨手刀発見分布図（石井昌国『蕨手刀』1966より）

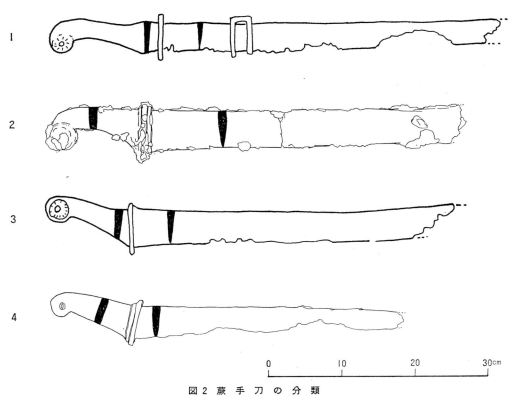

図2 蕨手刀の分類

1：Ⅰa型　花巻市熊堂古墳出土（石井昌国『蕨手刀』より）　3：Ⅰc型1類　胆沢町若柳出土（石井昌国『蕨手刀』より）
2：Ⅰb型　野田村上新山遺跡出土　　　　　　　　　　　　4：Ⅰc型2類　大船渡市長谷堂遺跡出土

60

のものはなく，また元幅も 5cm 以上の広幅を呈するものはない。この型の蕨手刀は花巻市熊堂古墳群，江釣子村五条丸古墳群，和賀町長沼古墳群に類例[6]がある。いずれも東北地方北部，とくに北上川，馬淵川の中流域に群在して分布する，川原石積みによる石室をもつ末期古墳から出土したものである。

Ib 型（図 2—2）

柄の絞りがその差 2cm 前後と極めて強いのを特徴とする。柄反り，刃反りはないかあるいは非常に小さい。短寸で中幅の例[7]もみられるが，刃長は Ia 型に比べ長くなる傾向にあり，元幅が 5cm 以上の広幅を呈するものが多くなる。この型の蕨手刀は江釣子村猫谷地古墳群，野田村上新山遺跡[8]のほか北海道にも類例[9]がみられる。Ia 型と同様に，川原石積みの石室から出土したものもあるが，石室を持たない墳墓群出土のものや，出土遺構の不明なものが含まれる。

Ic 型（図 2—3・4）

柄反りが 2cm 前後と極めて強いことを特徴とするが，刃反りも強くなる傾向にある。この型は 2つのタイプがある。Ic 型1類は，Ib 型の柄の絞りが強く，広幅・長寸のものに柄反りを加えたタイプである。金ケ崎町桑木田，胆沢町若柳の出土品に類例[10]がある。Ic 型2類は柄の絞りは小さいが，柄反りを強くしたもので，長寸のものが多いが広幅を呈するものはなくなり，刃反りの傾向を強く示す。柄の形姿は毛抜形蕨手刀に酷似する。水沢市塩釜，衣川村馬懸の出土品のほか，北海道，青森県，秋田県にも類例[11]がみられる。この型の蕨手刀は石室を有する古墳からの出土例はなく，墳墓群であろうとされる所からの出土が大半を占めるが，遺構については不鮮明なものが多い。

以上I型を3分類して述べた。Ia 型はI型に先行するとされるII型の柄に近似する。Ib 型の柄棟と棟が平行するのは Ia 型にみられる傾向であり，柄の絞りの特徴は Ic 型1類に受け継がれる。Ic 型2類は最も新しいとされる毛抜型透蕨手刀の柄に類似し，また新しい要素である長寸，柄反り，刃反りの強いものが多い。以上の理由により，Ia 型→Ib 型→Ic 型1類→Ic型2類といった時間的な推移として捉えることができる。

一方，Ia 型と Ib 型・Ic 型では，柄の握りに対する刃の方向の角度に明らかな差異が認められ

る。つまり，Ia 型は柄の握りに対し刃の方向がほぼ平行である。それに対し，Ib 型と Ic 型は刃の方向が上を向く。これは刀剣のもつ機能にも係る大きな変化と捉えることができよう。なお，Ib 型の絞りを強くする形態は，Ic 型の柄反りへと変化し，さらには強い刃反りの刀へと推移したと考えられる。Ia 型から Ib 型への変化が東北地方で特徴的にみられるということについては，Ia 型に先行するII型が福島県以南に多いとの指摘[12]とともに，今後充分な検討を要する課題であろう。

2 調査資料と調査方法

分析の対象とした蕨手刀は次の3刀である。以下，資料と出土遺跡の概略を記す。

資料 1（図 3—1，岩手県九戸郡野田村上新山遺跡出土，以下 KN-2 刀と記す。）

大半が銹化して失われ，わずかに柄元と刀身部および鞘尻の一部を残すだけである。刀身部における腐食がとくに著しい。元幅は 5.5cm と広幅で，重ねは 1cm，棟は角棟。鐔は鉄製で喰出型，角切三角形を呈する。鐔に密着し，鉄製の切羽と鯉口金具のほか，鞘の一部である鉄板とその下の木質部も残存する。柄の残存部から推定すると，柄反りは小さいが，柄の絞りが強く，しかも広幅であることから Ib 型に属すると考えられる。

上新山遺跡は標高 42m 前後の河岸段丘上に立地し，奈良時代を中心とする竪穴住居址が 100 棟ほどあると推定されている[13]。出土遺構は不明である。

資料 2（図 3—2，出土地不明。小田島コレクション[14]，以下 ORC-1 刀と記す。）

銹化が著しく，柄から刀身部の一部しか残存していない。現存長 24.5cm，柄棟と棟は縦に3枚に割った状態に分離している。鐔は鉄製で喰出型，角切三角形を呈する。切羽は青銅で作られている。現存部から推定すると Ia 型に属すると考えられる。

資料 3（図 3—3，岩手県紫波郡紫波町古館駅前出土，以下 FD-1 刀と記す。）

刀身部から鋒の一部を欠損。現存長 46.3cm，刃部現存長 34.8cm，元幅 3.8cm，重ねは 0.5cm である。棟は角棟で，造込みは平造りと推定される。刃部にわずかな反りをもつ。柄長は 11cm，0.6cm の柄反りを有す。柄尻部は扁平で緒通し穴をもつが，鵐目の座金はみられない。鐔は鉄製

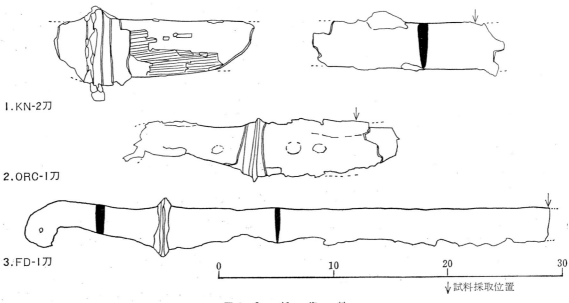

図3 分析資料

の喰出型で，角切三角形を呈する。

出土遺跡について石井氏は「住居址，鍛冶遺跡かともみうけられる」[15]としているが，周辺一帯は奈良時代から平安時代の各種の遺構があり，詳細については不明としておく。

次に調査方法について記す。

KN-2刀，ORC-1刀は残欠部の末端部分より，FD-1刀については刃の先端部分から2つの金属片を採取し，一方は組織観察，他方は成分分析用試料とした。

組織観察用試料は，樹脂で固定し，十分に研磨した後，黒錆層を中心に金属顕微鏡による観察を行ない，錆化前の鋼の結晶組成，炭素の分布状態について推定した。鋼中に残存する非金属介在物については，EPMAを用い，その化学組成を検討した。化学成分の分析には，健全な鋼を用い，その定量および半定量は結合誘導プラズマ法により行なった。

3 実験結果ならびに考察

資料1 (KN-2刀)

口絵2に断面の巨視的組織を示す。明るい部分は金属部，灰白色は黒錆層（マグネタイト），暗灰色は赤錆層（水酸化鉄），黒色の線状部分は試料中に走る亀裂である。試料表面および亀裂の周辺は組織の膨張がひどく，ほぼ全域にわたって赤錆層により覆われている。この部分の錆化がとくに著しいことを示している。赤錆層の内側には緻密な組織をした黒錆層が，さらに断面中央には健全な地金が残存している。

刀身断面中央部（以下中央部という）に位置する黒錆層A部には，口絵3に示す網目状の結晶を確認することができる。白色をした細線が0.5μ程度の間隔でほぼ平行に規則正しく並んでいる。これは腐食前の健全な状態におけるパーライト相中のフェライトが失われ，セメンタイトのみが残存している組織[16]と思われる。

この網目状をした組織全体をもとのパーライト相，セメンタイトで囲まれる黒錆層をフェライト相とし錆化による結晶の膨張を無視すると，刀心中央部における炭素含有量は$0.2〜0.3\%$，フェライト結晶粒度は，$10〜20\mu$と推定される。フェライト結晶が比較的小さいことから，焼入れといった操作までには至らないまでも，パーライト変態点以上の高温領域から比較的はやい速度で冷却されたのであろう。

残存する介在物はそのほとんどが薄層状に伸びており，この刀剣がよく鍛造されたものであることを示している。

口絵5は，代表的な介在物のEPMA像であるが，ところどころにTi, Feを含有する断面が角状をした灰色の結晶を観察することができる。この化合物は砂鉄の還元過程で生成する$FeO-TiO_2$系のチタン鉱物（以下チタン鉱物という）である。

表 1　採取試料の化学組成　（％）

	Cu	Mn	Ca	Mg	Al	Si	Ti
KN-2	0.018	<0.005	0.029	0.004	0.018	0.025	0.008
ORC-1	0.013	<0.005	0.01	0.004	0.005	(0.006)	0.005
FD-1	0.011	<0.005	0.01	0.001	0.001	<0.005	0.003

括弧内は半定量値

一方，表1に示す金属部の化学成分分析値によれば，Ti 分は 0.008％，Cu，Mn 分も 0.018，0.005％ 以下と低レベルにある。さらに Ca，Mg，Al，Si に代表される介在物も 0.02～0.03％ と少ない。以上を総合すると，この蕨手刀は低チタン砂鉄を原料とし，製刀にあたっては極めて清純な鋼が使用されたものと考えられる。

チタン鉱物を包む黒色のガラス質介在物は CaO-SiO_2-Al_2O_3 系であり，他に微量の MgO，K_2O を含有する。アルカリ分が含まれることから酸化精錬時のスラグが混入して残ったものと推測される。ここでもう一度表1の化学分析値から CaO/SiO_2 を計算すると，0.76 となり，粘土中の0.1よりもはるかに大きな値をとる。このように高いカルシウム分に代表されるこれら一連の介在物は，稲荷山鉄剣を始めとする炒鋼製品[18]のものとほぼ一致する。すでに明らかにされている炒鋼法の原理および炒鋼製品の特徴[19]ならびにこれまでの観察結果を勘案すると，原料として砂鉄を用いてはいるものの，炒鋼法と同様の製鉄法により作られた鋼が使用されているものとみなすことができる。

資料 2（ORC-1 刀）

断面をみるとわずかに中央部に厚さ 2～3 mm の地金を残し，その両側は黒錆を主体とする腐食した組織に覆われている。錆化の著しさが改めて確認される。

黒錆層には微細な層状をした組織，あるいは網目状の細線で囲まれた粒状結晶の集合組織が観察される。粒状組織，これは健全な状態におけるフェライト結晶粒と思われる。また微細な層状組織はもとのパーライト組織のセメンタイトが欠落し，フェライト相に相当する部分が錆化した状態で残存しているのであろう。

口絵4は，刃先から棟にかけての代表的なフェライトの組織である。フェライト結晶の大きさは刃先において 5～10 μ，中央部から棟にかけては 20～30 μ である。またパーライト組織が占める面積割合いから推定される炭素含有量は，刃先から棟いずれにおいても 0.3％ 程度となる。

黒錆層のところどころには，薄層状をした網目状セメンタイトを認めることができる。一部は先に観察されたフェライト結晶の集合体に隣接している。いずれも非常に緻密な組織であり，内部にフェライト相を読みとることはできない。炭素含有量が 0.7～0.8％ の共析組成に近い組織と思われる。軟鋼（低炭素鋼）の中に硬鋼（高炭素鋼）が薄層状に刻み込まれた一種の複合組織をとっていたにちがいない。フェライト結晶は刃先部においてかなり細粒化しているものの，焼入れといった熱処理の跡を読みとることはできない。この部分は肉薄なため，比較的速い速度で冷却されたのであろう。

刃先部に残存する介在物は少なく，精純な鋼の使用を暗示させるが，中央部から棟にかけては介在物が多く，薄層状をしたもののほかに粒状形のものもかなり混在している。刃先の製作にはかなりの注意を払ったと思わせる跡をうかがうことができるものの，全体的には先の KN-2 刀に比べ鍛造比は劣る。

EPMA 分析の結果，(Fe, Ca, Mg) O-K_2O-Al_2O_3-SiO_2 系の非晶質珪酸塩中にチタン鉱物が析出したタイプの介在物が観察された。明らかに酸化精錬時のものである。この蕨手刀の地金にも KN-2 刀と同じ精錬法が用いられたと考えられる。

以上の観察結果を基に製刀法についてあえて推論すると，砂鉄を用いて作った軟鋼と硬鋼の2種の鋼を互層に配し，あるいは軟鋼の中に硬鋼を刻み込んだものを加熱，鍛打して目的とする刀剣を得たのであろう。古墳出土の直刀にみられるような，皮金あるいは心金といった性質の異なる鋼を組合せて鍛接するという，いわゆる合せ鍛えが行なわれていたかどうかについては，今のところ論ずることができない。今後の検討課題のひとつである。

資料 3（FD-1 刀）

錆化による亀列や組織の膨張は，ほとんどみられない。中央部から棟に至る黒錆層を詳細に調べると，わずかではあるが網目状のセメンタイトを観察することができる。セメンタイトの黒錆層に占める面積比ならびにセメンタイトで囲まれる黒

錆層から，もとのフェライト結晶粒は 20〜30 μ，炭素含有量は 0.2〜0.3% と推定される。パーライト変態点以上の高温領域からの自然放冷に基づく組織と考えられる。

介在物は刃先においては少なく，薄層状を呈しているものの，中央部から棟にかけては粒状形をしており残存数もかなり多い。全体的には ORC-1 刀と同じレベルの作りである。

介在物を EPMA により調査したところ，酸化精錬の過程で混入したスラグが，チタン鉱物を包み込んだタイプのものであることがわかる。先に述べた 2 振りの蕨手刀同様，炒鋼法の流れをくんでいるものと考えられる。

以上 3 刀の蕨手刀について，科学的な調査結果をもとにその製法に関する考察を行なってきた。いずれも砂鉄を原料とし，炒鋼法に類似する製鉄法により作られた鋼を使用しているように思われる。

ここでもう一度各蕨手刀の鋼中に残存する介在物に注目したい。介在物を構成する物質について詳細に検討すると，ひとつの大きな問題に気がつく。それはチタン鉱物と酸化精錬過程において生成される介在物の共存についてである。前者は還元性雰囲気で生成されていることが知られている。とすれば，還元性雰囲気における反応と酸化性雰囲気における反応とが同時に起こるような系を想定しない限り，この種の介在物は存在し難い。この点については，佐々木稔氏らの見解に基づき[20]，次のような製鉄法を考えることにより，一応合理的に解釈することができるのではないだろうか。

まず製鉄炉の中に原料となる砂鉄と木炭を挿入し，炉内で反応を行なわせ，銑鉄もしくは鉧との混合物を作る。木炭による製鉄炉では炉内温度が低いために，製鉄炉の処理を終った鉄素材中には多量の不純物が含まれているはずである。また，炭素含有量にも著しいムラがあると思われる。そこで一度得られた鉄素材を再び加熱・溶融（もしくは半溶融）し，石灰質系物質を造滓剤として加え，含有される不純物を分離除去する。さらに余分な炭素分を取り除き，炭素含有量を均一に調整する必要があることから脱炭を行なうことになるが，この時新たに砂鉄を添加する。投入された砂鉄は溶鉄中の炭素と反応し一酸化炭素および二酸化炭素を発生させながら炭素を消費していくとい

う，いわゆる脱炭剤の役割りを演ずる一方で新しい鉄分をも供給する。砂鉄中に含有されるチタン分は金属鉄と反応し，チタン鉱物を晶出することになるが，そのほとんどは同時に投入された造滓剤の働きにより溶鉄中から取り除かれる。分離しきれずにわずかに残った不純物が最終的に介在物として鋼中に留まることになる。

このように脱炭剤として砂鉄を使用する精錬法を想定すれば，先に観察された介在物の成因についても一応の説明がつくと思われる。しかしながら，このような精錬法を考えたとき，同時に次のような疑問も生じてくる。第 1 には鋼中に残存する介在物の種類，第 2 には精錬の具体的方法についてである。

すなわち，最初の還元過程において晶出されるチタン鉱物を主体とする介在物と次の酸化精錬過程において投入された造滓剤から成る介在物の混在も当然考えなくてはならない。また，ORC-1 刀の調査結果が示すように，この精錬法によって少なくとも軟鋼と硬鋼の 2 種の鋼の製造も可能であったと考えられる。この点に関しては残念ながら現段階で十分な推論をできるまでには至っていない。今後さらに各種の出土鉄製品について調査を進めていく中で，明らかにしていきたい。

ところで，岩手県の東半分を占める北上山地は，日本でも有数の鉄資源の産地として知られている。例えば，久慈市長内，大川目地区，九戸郡野田村，大野村には広大な規模の鉄鉱床があり，日本最大級の砂鉄床を形成するといわれている。近年に至るまで稲作の不適地として水田がほとんどみられなかったこれら山間地に，8 世紀を中心とする大規模な集落が多く存在することが確認されている。

東北地方北部の大半は，802 年の胆沢城，翌年の志波城の設置に至るまで，中央政府に属していない，いわゆる蝦夷の地であった。

分析に供した蕨手刀の製作地あるいは原材料の供給地を限定することはまだできない。しかしながら，量的にも多く，形態上でも独自のものをもつ東北地方北部にそれを求めることは可能であろう。とすれば，以上で述べてきた通りの製鉄技術が東北地方北部に存在していたことになる。蝦夷問題に対する新たな問題提起としたい。

本調査を遂行するにあたり，金属組織の解析方

法を中心として多方面から御指導いただいた新日鐵第一技術研究所佐々木稔氏に深く感謝の意を述べる。また，EPMA による測定にあたって御協力いただいた新日鐵釜石研究部部長村上雅昭氏，直接測定を担当して下さった同研究部の伊藤次男氏およびその労をとっていただいた鉄鋼連盟広報部長窪田蔵郎氏に厚く御礼申し上げる。

註
1) 吉田義昭「寛政年間江釣子古墳群の発掘」奥羽史談，12，1952
2) 文書・蕨手刀ともに岩手県立博物館に寄贈され，展示されている。
3) 註 1) に同じ
4) 石井昌国『蕨手刀』雄山閣，1966
5) 註 4) に同じ
6) 註 4) の中の 57・58・59・67・70 号刀など。
7) 草間俊一・玉川一郎『長沼古墳』和賀町教育委員会，1974
8) 高橋信雄・赤沼英男「岩手の古代鉄器に関する検討（1）」岩手県立博物館研究報告，1，1983
9) 註 4) の中の 18・24・25・61 号刀など。
10) 註 4) の中の 75・81 号刀。
11) 註 4) の中の 8・10・30・34・77・82 号刀など。

12) 註 4) 237 頁
13) 瀬川司男・島　隆『上新山遺跡発掘調査報告書』久慈市教育委員会，1979
14) 岩手県史蹟名勝天然紀念物調査会の委員であった小田島禄郎が収集した遺物をいう。現在岩手県立博物館が寄託を受け整理中である。
15) 註 4) の 55 頁
16) 稲荷山鉄剣の黒錆層における組織解析において同様の組織が観察され，微小焦点X線回折法によりセメンタイトであることが確認されている[17]。厳密には同様の方法により同定が必要であるが，ここではセメンタイトとして論を進めた。
17) 村田朋美・佐々木稔・稲本　勇・伊藤　薫・田口　勇・浜田広樹「稲荷山鉄剣表面錆の解析」MUSEUM，378，1982
　　日吉製鉄史研究会「稲荷山鉄剣の六片の錆」鉄の話題，43，1983
18) 註 17) に同じ
19) 佐々木稔・村田朋美・伊藤　叡「古代における炒鋼法とその製品」たたら研究 25 周年記念論文集，1983
20) 佐々木稔・村田朋美・伊藤　薫・宮本勝良「鉄器の材質から推定される古代の精練鍛冶法」昭和 58 年度たたら研究会発表資料，1983

—口絵解説—

刀の考古学

■ 石井昌国

　天理市東大寺山古墳より出土した後漢の中平年紀（184〜189）の長寸の内反りになる細大刀の原姿は儀仗の素環頭のようで，弥生時代に渡来していたのであろう。弥生後期の登呂遺跡の木製模造の長剣は同姿の有樋鉄剣の流布を語り，他に短剣や刀子および素環頭刀や鉄戈なども知られている。その多くは輸入で，鉄戈のみ倭国製というがその素材は舶載で，倭国製鉄の開始は遅れて 5 世紀とも 6 世紀ともいう。

　4 世紀の薄い平造の細大刀には硬軟二様の鋼を 2, 3 回折り返した靱性に富む大杢肌のものがある。4 世紀末という東大寺山古墳から着装用の金銅環頭が 3 点出ているが，これはこの期になって中平大刀に着装したのであろう。

　5 世紀初頭という河内アリ山古墳の約 80 点の平造大刀は重ねの厚いやや細身の共鉄柄である。薄い柄板に平糸をコイル状に巻き，黒漆をかけた武用の方頭大刀である。刃長 85 cm が最長で，60 cm の長剣もある。同墳の蕨手様刀子は利器ではなく，舶載の鉄鋌であろう。記紀のいう河内の倭鍛冶川上部らの手になるものであろうか。

　5 世紀中葉から広布した平造広幅大刀は柾目鍛えが細やかにつんで，薄い刃先には自然放冷による弱度の焼入が看取できる。稲荷山鉄剣も江田船山刀もほぼ同様のものであろう。

　6 世紀大刀の焼入は新羅文化の影響もあろうが，その技術は倭鍛冶の特技として発達している。同世紀の中葉にはやや細身で重ねの厚い鎬造大刀が始められ，やがて長寸の豪刀が出現する。板目肌が重複し地景が顕出し，その乱刃に砂流しのかかる沸出来の名作もあって日本刀に迫る技倆を示すが，何故か 7 世紀を下る作例をみない。

　唐大刀と呼ばれる切刃造大刀は正倉院御物にもみえるが 7，8 世紀がその盛行期で，9 世紀には終末を迎えている。その地鉄は依然炒鋼で，炒鋼特有の匂口の弱い直刃仕立になっている。

　8 世紀に入ってようやく自国産の砂鉄製錬による反りを持つ蕨手刀が登場する。主産地の東北にはわが国最大という大型の砂鉄鉱床が展開している。秋田城攻防の元慶の乱（878）にはまだ蕨手刀が活躍していて，毛抜形の蕨手刀が平造の毛抜形太刀に変遷するのは 10 世紀に下る頃であろう。やがて鎬造の鋒両刃刀や，かます鋒の太刀の時代がしばらく続き，三条とか安綱，友成などと銘文のある在銘太刀が出現するのは 12 世紀もその中葉の頃で，古調な豊後国行平の太刀には元久 2 年紀（1205）の作がある。

—口絵解説—

擦文文化と鉄
―覚え書―

早稲田大学助教授
■ 菊池徹夫
（きくち・てつお）

擦文期における鍛冶の存在は現在では疑う余地がなく，いまや問題はその技術や社会的背景の追求へと移りつつある

1 擦文期の鞴羽口の発見

筆者が以前，『擦文文化の鉄器について』[1]を書いたのは，北海道枝幸町ホロナイポ遺跡から5点もの土製鞴羽口が出土したとの佐藤隆広氏の報文[2]に接したからであった。これは北日本の鉄の歴史にとって画期的な資料報告であって，火床炉と思われる土壙中から出土した5点の土製鞴羽口中3点には，明らかに擦文式土器に特有の直線的な刻線文が刻まれてさえいたのである。確実な擦文文化の鞴羽口，すなわち擦文期の鍛冶の存在！

これによって筆者は，かねてから気になっていたひとつの資料，すなわち今からだとちょうど90年前に高畑宜一によって報告された新十津川の竪穴から擦文土器と伴出したという「鞴筒」も確かな裏づけをえたように思われ，そこであわせて紹介したのである。

この新十津川町の例を加えて，筆者は佐藤隆広氏に拠りつつ，そこで擦文文化の鞴羽口の出土例として，

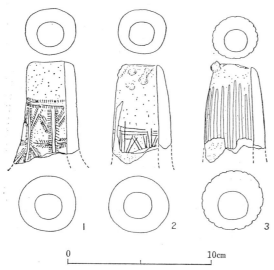

図1 枝幸町ホロナイポ遺跡出土の鞴羽口
（佐藤隆広『ホロナイポ遺跡発掘調査概報』より）

(1)奥尻島青苗 (2)江差町厚沢部川河口 (3)乙部町元和8 (4)浦幌町十勝太古川8号住居址 (5)根室市西月ヶ岡7号住居址 (6)枝幸町ホロナイポ (7)手塩町川口 (8)樺戸郡新十津川町
という8例を挙げておいた。

その後，藤本強氏によりさらに次の5例が追加された[3]。

(9)北見市南町遺跡 (10)小平町高砂遺跡 (11)斜里町須藤遺跡 (12)札文町香深井A遺跡 (13)常呂町岐阜第2遺跡3号竪穴埋土

さらにその後，宮宏明氏により下記の3例が追加された[4]。

(14)小樽市錵潤遺跡 (15)旭川市錦町5遺跡 (16)千歳市末広遺跡

このように，火床遺構や鉄滓などとともに，何よりも雄弁に擦文期における鍛冶技術の存在を物語る鞴羽口の出土が，南は江差町から北は礼文島に至るほぼ北海道全域に及ぶことが明らかになってきたのである。またごく最近，北大構内サクシュコトニ遺跡からの出土も伝えられている。

つまり今日では擦文期における鞴を用いての鍛冶の存在は，もはや疑う余地のないことであって，いまや問題は，むしろその規模やシステム，詳細な構造と技術体系，さらに製品とその交易，運搬の問題，その社会的・時代的背景へと移りつつあるといってよい。

2 擦文以前の鉄

ところで，このような擦文期の鉄の技術は，もちろんこの時期に急に出現したわけではない。いまのところ，縄文晩期とされる釧路市貝塚町1丁目遺跡出土の「鉄片」をはじめとして，続縄文期で3例ほどの鉄器の出土例が知られている。しかしこの時期の鉄器はまだ製品としてもたらされたものなのではないだろうか。

『日本書紀』斉明天皇6年3月条の，例の阿倍比羅夫北航の記事には，大河のほとりで粛慎をお

図2 擦文文化の鉄関連主要遺跡

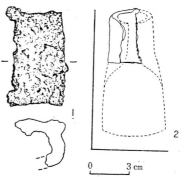

図3 吉井の沢1遺跡 P92 出土の鉄斧片(1)とその推定復原図(2)
(大沼忠春ほか『吉井の沢の遺跡』より)

びき寄せるために,彼が海畔に綵帛とともに兵鉄を置かせたとあるが,これなどは,当時における本州側からの鉄器を中心とする文物の,北日本への流入の様子を彷彿させるものがある。

この事件の記録されている斉明天皇6年といえば,7世紀中葉ごろのことになるが,今日の北日本考古学の編年観からすれば,続縄文期,江別式の時期から擦文期への移行期,すなわちいわゆる北大式土器文化期とみてよいだろう。

ところが最近,江別市の吉井の沢1遺跡で,報告者によれば「北大式」とされる土壙墓の底部から,土器片,石器剥片や礫とともに,じつに鉄斧の袋柄の部分約 1/2(43.5g)が発見されたという[5]。これが比羅夫によってもたらされた「兵鉄」と関連するかどうかは別にしても,まことに貴重な資料といえよう。

いずれにせよ,製品としての鉄器の北方への流入はこのように7世紀にも続き,さらに8世紀にも及んだことは,『類聚三代格』の延暦6(787)年正月の太政官符などによってもうかがえるところである。

けれども同時にこの記事は,すでにこのころには入手した鉄製品を,必要とあらば他種の鉄器に改造しうるだけの技術を蝦夷側がもっていたことをも明瞭に示す。すなわち,彼ら北日本の,ことに東北地方の住民たちは,このころから早くも小鍛冶を行なっていたことが文献のうえからはうかがえるのである。

3 東北北部の鍛冶集落

一方,考古学的にも,確かに東北北部の奈良・平安時代に,鍛冶を行なう集落が多く存在したことが明らかになっている。

このことを最初に示したのはおそらく1951(昭和26)年に西村正衛・桜井清彦・玉口時雄氏らによって調査された青森県西津軽郡森田村の八重菊・石神の土師器の堅穴であろう。炉に伴い,土製鞴羽口,多量の鉄滓が出土し,報告者は「平安初期」のものとされている[6]。

なお,報告者の一人桜井氏は,のちに同じ森田村山田のリンゴ畑から出土したという鉄斧(18×6.8×4.8cm,1,070g)について紹介をされたが[7],この資料については最近,佐々木稔氏の分析で,推定炭素量 0.5〜0.6%,チタン鉱物を含有する介在物極めて多く,清浄な鋼とはいい難く,銑鉄を卸した鋼と考えられ,鍛造品である,との私信をえている。

その後,1958(昭和33)年から1961(昭和36)年にかけて,青森県の岩木山麓一帯の総合調査の一環として,西津軽郡鰺ヶ沢町大館森山および大平野遺跡の鍛冶集落址が調査される[8]。

ことに大平野遺跡では3ヵ所で計10基の,石組みと白粘土で構築した炉が確認され,その後の調査の結果と合わせて今日では平安期の製鉄・精錬そのものを行なった跡だといわれている。

一方,この津軽の岩木山麓における大規模な調査とは対照的に,青森県東部,下北半島のつけ

根，小川原湖の南岸でも一つのほぼ同時代ごろの鍛冶集落址の発掘が，それも米国人の手によって行なわれていた。これは当時，三沢の米軍基地に居た Howard A. Maccord 氏によるもので，その結果は，"Contributions to the Archaeology of Northern Honshu Part II, Ogawara Pit-house Culture" という英語の報文になっている[9]。

貴重な報告のわりにはあまり知られていないようなので，図や写真は省略せざるをえないが，鍛冶址にかんする主要な部分のみ引用してみよう。

「小川原第3遺跡 4号住居址

……床面の南東1/4ほどに複雑な炉があり，これは明らかに暖房や調理の熱源として，と同時に鉄鉱石を海綿鉄（sponge iron）にするのに役立った。この炉は全長8フィート（約2.4m），炉のドーム形部分は径36インチ（約90cm）を計り，ドーム前の梨形のピットは最大幅40インチ（約1m）ある。ドームの床とピットは竪穴住居の床面下4インチ（約10cm）にある。ドーム内部には海綿鉄の一つの大きな塊があり，それは厚さおよそ20インチ（約50cm），重さ約20ポンド（約9kg）あった。そのドームは白色粘土で作られており，基部で厚さ4インチ（約10cm）あって，18インチ（約45cm）ほどの高さのアーチ状に丸まる。つまり周囲の床面のレベルから14インチ（約36cm）上である。ドームの頂部は住居址の床面を出す際に誤って削ってしまった。ドーム直前のピット中には土製の筒のおびただしい破片とともに，海綿鉄と鉄滓（slag）の多数の破片があった。典型的な筒では一端が高熱を受けたとみえてガラス状に溶けており，一方の端はほとんど火をうけていないので非常にもろく，湿ると糊状になるほどである。筒は外径が3〜4 1/2インチ（7.6cm〜11.4cm），まん中の孔は1〜2インチ（2.5cm〜5.1cm）とさまざまである。大型の筒は片側が平らにされている。筒はどれも土のドームと直結はしていなかったから，鎔解の工程における正確な使用法については議論の余地がある。おそらく筒は，たぶん皮革製の鞴を伴い，必要な圧縮空気を供給するのに炉の中に挿入され，ドーム内の還元炎に風を送るのに使われたのであろう。

海綿鉄，鉄滓それに筒の数多くの破片は竪穴の埋土中のあちこちで発見された。……」

Maccord 氏は，この遺構を含む竪穴住居址群を5世紀以降短期間とするなどその編年観に問題はあるものの，前述の岩木山麓での一連の調査よりも数年前に公表された報告としては，その観察・分析の確かさとともに，北日本の鉄の歴史を考えるうえで，まことに重要な資料といってよい。

こうして，北日本の鉄の問題は，1950年代東北地方北部の日本海岸と太平洋岸とであいついでスタートを切ったのであるが，その後は主に研究者の偏在といったことの故であろう，ほとんど津軽側を舞台として発見・調査が続いた。碇ケ関村古館遺跡，平賀町鳥海山遺跡，黒石市高館遺跡，浪岡町羽黒平遺跡，それに東津軽郡蓬田村小館および大館遺跡などがそれである。

これら諸遺跡のなかでもとりわけ，古館遺跡からは多量の輔羽口，鉄滓，素材としての板金や製作途中の製品をはじめ，鍬先・鎌・手鎌などの農具，刀子・手斧・鉋などの工具，鉄鏃・小札・締金具などの武器武具，それに紡錘車・鋏・鉄鍋などといった各種鉄製品がつごう450点も出土し，農業に従事しつつ盛んな鍛冶活動を行ない，しかも武装を怠らない平安期，11〜12世紀ごろのこの集落の性格が明らかにされたのである[10]。

この古館遺跡を含めていずれも平安時代の鍛冶場跡で土師器を出し，興味ぶかいことに擦文土器を伴う例が多い。北海道方面を中心にして周辺諸地域への鉄器供給源だったことは確かだが，生産の技術・組織，交易のルート，そして見返りの物資は何だったかなど解決すべき問題は少なくない。

4 擦文期の鍛冶遺跡

こうした東北北部での古代鍛冶址にかんする一連の精力的な調査・研究とその成果に刺戟されるように，北海道でも，ほぼ同時期の同様の遺構・遺物が明らかにされはじめる。

1978年，枝幸町ホロナイポ遺跡での輔羽口の発見が直接のきっかけとなったことは冒頭にも記したが，それ以降の主要な調査例について次に見ていくことにしよう。

奥尻島青苗遺跡 1980年度の調査で礫群・焼土・白色粘土塊などの広がる広範囲な地域で，刀子・腰刀・紡錘車などの鉄製品のほか，2,860gにものぼる鉄滓，2,253gもの「溶滓」，それに数点の輔羽口片が出土していて，小鍛冶に止まらずかなりの程度の製錬を行なっていたことも推定さ

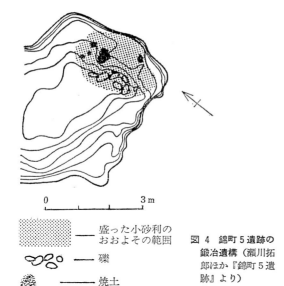

図4 錦町5遺跡の鍛冶遺構（瀬川拓郎ほか『錦町5遺跡』より）

盛った小砂利のおおよその範囲
礫
焼土

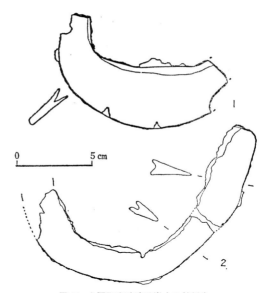

図5 小平町高砂遺跡出土の鉄鋤先
1：BH-43堅穴 2：AH-109堅穴
（宮塚義人ほか『おびらたかさご』『おびらたかさごⅡ』より）

れる[11]。

浦幌町十勝太古川遺跡8号堅穴 1972年度の調査で，鞴羽口が95×70cm，深さ7cmの円形ピット中で，スラグ22，円礫2，焼土および炭化物と伴出した[12]。

千歳市末広遺跡 1980年度の調査で，鉄鎌2をはじめ，刀子・鉄斧・鉄鏃といった鉄製品のほか，鉄滓・鞴羽口・砥石などを伴う，一辺2mほどの小規模な鍛冶工房と考えられる堅穴状の遺構が1ヵ所確認されている。

ここの鉄滓について新日鐵八幡研究部の大澤正己氏の分析結果によると，チタン・バナジウムが検出されたことから，砂鉄製錬系の素材を用いた小鍛冶による鍛錬鍛冶滓だという[13]。なお，同氏は最近ホロナイポ鉄滓についても分析を試みられ，ほぼ同様の成分構成を指摘されている[14]。

旭川市錦町5遺跡 1983年度調査で検出された1軒の堅穴から複雑な構造をもつ火床と18点にのぼる鞴羽口，鉄滓が出土している。火床は傾斜をもたせて構築され，傾斜面の崩落を防ぐため礫群で押え，防湿のため小砂利を敷き，鞴を斜面下に据えている，といった炉の構造も明らかにされている[15]。

5 擦文文化の鉄器

このような，北海道における擦文期の鍛冶遺構の調査・研究の進展と並行して，鉄製品そのものについての集成と比較研究の作業も，最近とみに

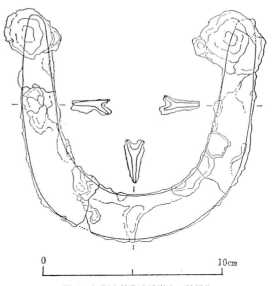

図6 江別市後藤遺跡出土の鉄鋤先
―擦文期の鉄鋤先の基本型と思われる―
（直井孝一ほか『元江別遺跡群』より）

明らかになってきた，いわゆる擦文農耕との関連でなされるに至った。なかでも鍬（鋤）先については，たとえば天塩豊富遺跡のものなどが古くから注目されていたが[16]，その後も恵庭市柏木川や白糠町和天別，それに小平町高砂遺跡などで例数が加えられている。

鉄斧については，前にふれた旭川市錦町5遺跡

69

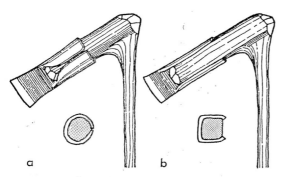

図7 擦文期の鉄斧の柄装着状況 a：Ⅰ類 b：Ⅱ類
（瀬川拓郎「擦文期の鉄斧について」より）

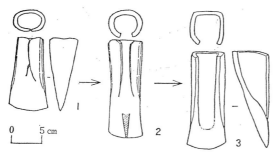

図8 擦文期の鉄斧の変遷
1：天内山9号墓 2：茂漁7号墓 3：末広ⅠH44竪穴
（瀬川拓郎「擦文期の鉄斧について」による）

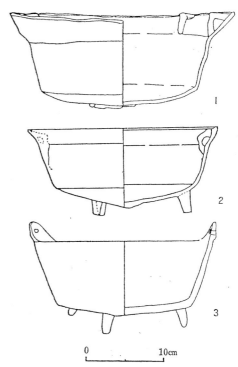

図9 内耳鉄鍋（1・2）と吊耳鉄鍋（3）
1：根城 2：トコタン 3：十勝太若月
（越田賢一郎「北海道の鉄鍋について」より）

出土の1本の斧柄と関連して，瀬川拓郎氏がまとめておられる。氏は擦文期と推定される8遺跡11点の鉄斧について集成・検討され，いずれもいわゆる袋（ソケット）をもち，そこに木製の膝柄を挿入する式のものであること，ソケット部断面が円〜楕円形を呈しソケットを形成する折返しが斧台のほぼ全周を包覆する（closed）Ⅰ類と，ソケット断面が方形を呈しソケットを形成する折返しが全周せず斧台の3面のみを覆う（open）式のⅡ類とに分類できること，そして，前者が擦文期初頭，後者が同じく後半のものであること，などを明らかにされた[17]。

鉄鍋にかんしては，主に擦文文化の終末の問題とのかかわりで，内耳土器とともに古くから論じられてきたし，筆者じしんもふれたことがある[18]が，最近では越田賢一郎氏によってすぐれた研究がなされている。これは現時点での集大成ともいうべきもので，これまでに北海道で知られている100余例の資料を検討し，まず内耳鉄鍋と吊耳鉄鍋とに分類したうえ，前者を湯口のタイプで2つに細分，また後者を口縁部の形態でやはり2細分している。そのうえで，最古の型式たる一文字湯口の内耳鉄鍋を内耳土鍋の発生と結びつけて15〜16世紀とされている[19]。

6 擦文以後の鉄・総合的研究

これまで見てきたように，擦文期に盛んになった北日本における鉄器生産が，その後，中世〜近世にかけてどうなったか，われわれはたとえば例の，道南を舞台にして起ったコシャマイン事件についての『新羅之記録』の記事や，あるいは東北北部の様子を伝える『津軽一統誌』などの記述のなかに，その様子を文字どおり垣間見ることができるが，宇田川洋氏らの努力にもかかわらず考古学的な証拠はこの時期に関する限りまだまだといわねばならない。

だが，そうした中で，たとえば近世樺太における鉄製品の問題を扱った海保嶺夫氏の仕事などは，考古学の側にとってもなかなか示唆にとむものといってよい。すなわち氏は，18世紀末から19世紀前半の樺太で起った2つの事柄，つまり，(1)樺太経由で日本製の鉄製品（斧・鍋など）が大陸へ流入していること，(2)この期間に樺太アイヌの間で土器の製造と使用の風が消滅したこと，この2つ

70

の事柄を無関係ではないとし，これを普遍化されて，「土器を使用し，金属器を自製しない民族が土器を使用しなくなるのは，特定の時間に供給される金属器の量いかんによる」という仮説を立て，そのうえでこれを北海道島に適用することによって，北海道での内耳土鍋を伴う擦文土器文化の消滅を，「流入する鉄器の量的増大をもたらしたであろう本州人の道南占拠の確立した」15世紀前後――室町期後半――に求めている[20]。

このほか，最近ようやく擦文期を中心としてかなり豊富になってきた鉄にかんする資料をもとに，これらを総合的な観点から扱おうとする仕事も現われてきた。桜井清彦氏は以前「古代北海道における鉄器について」[21]を書かれ，最近また「日本の北方文化と鉄」[22]を書かれた。

天野哲也氏の「擦文社会における金属器の普及量と所有形態」[23]は意欲的な論文で，文字どおり労作である。

氏は全道46の墓に伴った金属器と，65の住居址から出土したそれとを詳細に分析・検討し，「両者を統一的に理解し，前者の内包する『個』的なものと後者のおびる『集団』的なものの関連をさぐる」べく努め，結局「金属器はほとんどなく，利用できないため依然石器が実用される」A段階から「金属器普及量が大きく，斧・鎌をふくめほとんどの金属器が多くの世帯で所有される」D段階まで，各代表的な遺跡例を挙げつつ「集団の金属器普及量と所有形態の段階」を措定している。そして擦文期の金属器のあり方がまだ一般的には工具としての役割りに留まっていた点で，弥生時代の金属器のそれに類似していること，擦文社会では個別世帯の等質化・独立化は進行したものの新たにこれらを統合するようなものが現われず，金属器の増加をみてもなお生産性を飛躍的に向上させるにたる富の蓄積・階層分化を促進させるための集約的な農耕の展開が遂に実現しなかったこと，などを結論づけている。

石附喜三男氏の「エゾ地の鉄」[24]も擦文期からアイヌ文化まで広い視野で北海道の鉄を論じたものである。この中で氏は擦文期の鉄器製作について，本州北端や道南では平安末ごろに精錬は存在したかもしれないが，ごく一般的には野鍛冶程度の鉄器製作段階で，それはちょうど『北蝦夷図説』にみる樺太アイヌの鍛冶の様子に似たものではなかったか，という。そして鉄製品の安定的供給こそが，擦文文化にオホーツク文化に対する優位性をもたらし，と同時にその反面，やがてその地域の人々にみずからの鍛冶の技術を忘れさせる要因となってしまったともいう。

氏によれば，擦文期の鍛冶技術や鉄器はアイヌ民族のそれに連続するが，同じ鉄器でもマキリのように奈良期の東北地方から擦文文化そしてアイヌ文化と形態的にもほぼ不変のものと，たとえばキテのように擦文文化からアイヌ文化へとかなり変化・変遷をみせるものがあることなどを指摘する。

ともあれ，擦文期の鉄とそれをめぐる諸問題は，単にそのことに止まらず，平安時代を中心として広く古代～近世の東北日本（蝦夷世界）の歴史，あるいは北海道島を中心とする北方民族史，とりわけアイヌ史の理解のうえに欠くことの出来ないテーマであるように思われる。

7 まとめにかえて

先に筆者は，H. A. Maccord氏によって調査された小川原湖南岸の堅穴集落における鍛冶遺構とその出土遺物について紹介した。この遺跡は東北

図10 樺太アイヌの鍛冶図
―擦文期の鍛冶もこのようなものだったろうか？―
（早稲田大学図書館所蔵『北蝦夷図説』より）

北部太平洋岸における数少ない鍛冶遺構として極めて重要なものと注目して来たからである。しかし、ここは現在も在日米軍三沢基地（米軍姉沼通信所）の中にあって、残念ながら容易に調査することができない。

ところが幸いなことに、このところ偶然、筆者はこれと至近の距離にある三沢市の小川原湖東岸一帯を踏査する機会に恵まれた。つい先日もここを訪れ、予想どおりこの地域にも日本海側の岩木山麓と同様、平安時代を中心とする古代鍛冶遺構が数多く埋もれていること、さらにまだ少数とはいえ、北海道系土器の存在することを確認するに至った。

とりわけ、筆者らが矢矧遺跡と仮称する地点では、幸か不幸か土取りによって表土が攪乱された結果、かなりの鉄滓や鞴羽口が土師器片とともに採集されるようになり、付近には明瞭な竪穴の落ち込みも確認されていて、やはり平安期の鍛冶集落の存在が推定されている。さらにまた、そこから約2kmほど海岸寄りにその名も金糞平という標高10mばかりの微高地があって前から気になっていたのだが、今回の踏査で、たまたま立ち寄った農家の裏手の小さな崖の断面に、真赤に焼けた炉の焼土中に突き差さった状態のままの完形に近い鞴羽口を発見した。もちろん周囲には鉄滓もみられる。これには筆者らもさすがに興奮を抑えきれなかった。この金糞平は地形的にも景観的にもちょうど津軽・蓬田の小館遺跡などと似たところがあり、今後比較研究も必要であろう。

筆者らの小川原湖東岸での調査は始まったばかりで、すべてはこれからだが、幸いこのプロジェクトの中心となって精力的に調査を進めている三沢市歴史民俗資料館の田島一雄氏をはじめ、これを支える先史文化研究会（赤沼澄璋会長）等々、多くの一般市民の熱意と、青森県を中心とするさまざまな分野の研究者の協力とによって、かならずや近い将来、大きな成果を挙げうるものと信じている。とりあえずは、今夏破壊のひどい個所を中心に小規模ながら発掘調査を試みる予定である。ちなみに、映画監督の森弘太氏によって現在、撮影が進められている記録映画『新みさわ風土記（仮題）』の中にもこれら調査の成果は盛り込まれるはずである。

いずれにせよ筆者らは目下、この地域の古代の鉄の様相を解明することが、とりもなおさず擦文文化を中心とする北日本古代史を明らかにするうえで最重要の事柄のひとつなのでは、と考えている。

　　註
1) 菊池徹夫「擦文文化の鉄器について」どるめん，22，1979
　　なお、この前編をなす形で「八世紀前後の北海道における金属製品について」北海道考古学，9，1973，がある。
2) 佐藤隆広『ホロナイボ遺跡発掘調査概報』1979
3) 藤本　強『岐阜第二遺跡—1981年度・私道建設に伴う事前調査』1982，北海道常呂町
4) 宮　宏明「十勝太古川遺跡出土の鞴の羽口」浦幌町郷土博物館報告，20，1982
5) 大沼忠春ほか『吉井の沢の遺跡』1982
6) 西村正衛・桜井清彦・玉口時雄「青森県森田村附近の遺跡調査概報」古代，5，1952
7) 桜井清彦「青森県森田村発見の鉄斧」貝塚，51，1956
8) 成田末五郎ほか『岩木山—岩木山麓古代遺跡発掘調査報告書』1968
9) American Antiquity, 21—2, 1955
10) 小川貴司「出土鉄製品とその問題点」碇ヶ関村古館遺跡，1980
11) 佐藤忠雄ほか『奥尻島青苗遺跡』1981
12) 宮　宏明「十勝太古川遺跡出土の鞴の羽口」浦幌町郷土博物館報告，20，1982
13) 大谷敏三ほか『末広遺跡における考古学的調査（下）』1982
14) 大澤正己「北海道ホロナイボ遺跡出土の鉄滓の調査」北海道考古学，19，1983
15) 瀬川拓郎ほか『錦町5遺跡』1984
16) 河野広道「北海道出土の大形U字形鉄器について」北海道学芸大学考古学研究会連絡紙，19，1959
17) 瀬川拓郎「擦文期の鉄斧について」北海道史研究，34，1984
18) 菊池徹夫「擦文文化の終末年代—北日本中世史の理解のために—」古代探叢—滝口宏先生古稀記念考古学論集—，1980
19) 越田賢一郎「北海道の鉄鍋について」物質文化，42，1984
20) 海保嶺夫「近世樺太における鉄器の流通形態—在地的土器文化の消滅によせて—」日本北方史の論理，1974
21) 『史観』75，1967
22) 『鉄の話題』38，1982
23) 『考古学研究』30—1，1983
24) 『日本民俗文化大系3』稲と鉄＝さまざまな王権の基盤＝，1983

●最近の発掘から

7世紀前半の製鉄遺構——岡山県津山市緑山遺跡

中 山 俊 紀　津山市教育委員会

　緑山遺跡は，岡山県津山市北東，綾部緑山に所在する。同地域一帯は緑山古墳群所在地として知られ，製鉄・製炭遺構は，草加部工業団地第2期拡張工事（約15万m²）計画に伴う古墳群確認調査に際し発見された。

　同遺構群は，工事区域内の一丘陵基部海抜180～200m付近で集中して発見されたが（C調査区），その位置は造成工事計画の切土中心部にあたり，現状保存することは拡張工事全体に重大な齟齬をきたすため，協議の末，昭和58年4月から翌59年3月まで発掘調査を実施した。C調査区での検出遺構は，製鉄炉2基，複数の横口を持つ細長い炭窯9基である。

1 製炭窯

　尾根筋南斜面で比較的傾斜の緩やかな部分に，等高線とほぼ平行に主軸をおき，築かれている。窯体は，地山を掘り抜いた半地下式で，焼成部全長は，6.4～10.2mあり，同幅45～84cmある。主軸一端に煙道を刳り貫き，他端に割石を用いて焚口をおいている。焼成部床面は，焚口部から煙道に向かって徐々に上昇し，その傾斜角は2.4°（5号）から11.5°（7号）を計る。

　谷側側壁部に6～10孔の横口をもち，側壁に沿って外方に幅3mほどの側庭作業空間が掘り込まれている。窯体に平行して上方に幅1.5mほどの溝が掘られているものがあり，この溝は焚口部上方で絞り込まれ，その部分に小児頭大の礫で堰をしたものがある。

　煙道煙出し部は，直径0.8～1.5mほどの円形掘方を掘り，窯よりに石積みで煙出し穴を築いている。石積みは，最下段を3枚の平石で窯体方向にコの字に立て囲い，二段目以上を横積みで積み上げるのが基本的手法で，積石間の空隙を焼土ブロックで補填し，粘質土で目張りし，地表に至る。

　どの窯も例外なく，大小の天井焼土ブロックを窯体内に崩落させており，人為的に打ち割り，埋めたてられたとみられるものがある。

　この天井部崩落片内面にしばしば半円，三角形，板状の薪圧痕が残されており，このことから，原材は5～15cmほどの太さを持ち，半截ないし4分割されたものもあったことがわかる。原材の長さを示すものはないが，少なくとも30cmまでは痕跡がたどれる。

　窯主軸と対応関係の明らかなブロックに残る圧痕方向

には，直交または平行する2種があり，このことは，窯体内に薪を立て積みし，最上部を横並べにして覆い，粘った釜土をかけて，窯に火を入れ天井を焼成固定したことを物語っている。天井断面はカマボコ形で，したがって焼成部内横断面形は長方形と考えられる（最大の5号窯では，側壁高90cmまで確認できる）。

　焼成部内外は，おおむね赤褐色に良く焼け，焼成部床面は淡灰色還元状態を示している。天井部片は，内面淡黄色，外面赤褐色のものが多い。しかし，いずれの炭窯も須恵器窯や近代の炭窯で見うけられるような強度の還元状態を示す箇所はない。

　側庭作業面堆積層最下層はいずれも粉炭層で，横口中程から薄く広がり，側庭外よりで最も厚くなるのが通例で，厚い部分では30cm内外の粉炭層が残る。また，この粉炭層には細い焼土粒を均一に含むものがある。粉炭上層には窯体崩土が流入し，さらに上層は，上部の炭窯側庭造成土ないしは自然堆積土層が形成され，表土層に至る。

　なお，使用頻度は3度まで確認できるものがあり，補修を加えたものがあって，4号窯は縮小再利用されている。

　ちなみに，9基の炭窯のうち6基には，相互に明確な切り合い関係があり，古い窯ほど焼成部床面，縦断面傾斜角が緩やかで，新しくなるにつれ，角度を強めていく（5号では2.4°，7号では11.5°である）。このことは，一遺跡における特殊な条件によるともとれるが，炭窯の構造変化を究明する一助となりうる可能性が強い。

2 製鉄炉

　1号製鉄炉　6号炭窯中央部を破壊し，扇状に斜面を整形して，その焼土を用いて作業空間を形成している。炉本体は，下方の2号炭窯の山手側に掘られた溝の堆積土を掘り込んでつくられている。等高線と平行に主軸をとるが，主軸より南半分は流出が著しい。炉床は，最初斜面に平行して長楕円形に浅く掘り窪め，山側の一端に2枚の平石を立て並べ，外方に幅1mほどの平坦な作業面を，焼土を用いて形成している。こうして出来た炉床底面に加熱・焼成を加え，残灰上に粘質土を敷き固め，炉床としている。さらに両短辺側に，直径1mほどの円形ピットを掘り加え，これにそれぞれ幅50cmほどの排

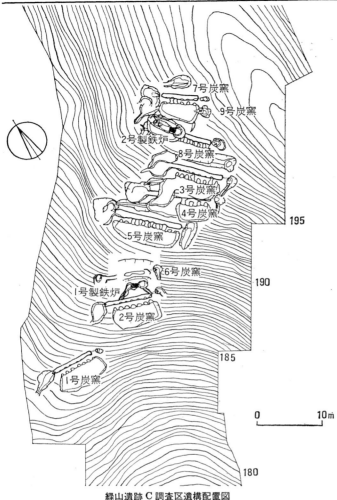

緑山遺跡C調査区遺構配置図

滓溝を取り付けている。炉床痕跡などからみて，必ずしも断定はできないが，長辺90cm・短辺60cm程度の箱形の炉が存在していたことが考えられる。東側ピット底面には灰層が薄く広がり，湯道と考えられる幅40cmほどの，強く焼け固まった焼土面が，炉端部から排滓溝方向に屈曲しながら延びている。その上層には1cm内の鉄滓小粒が多数堆積し，炉壁崩壊土が覆いかぶさっている。このうちには，炉壁の形状を残す大形のものもある。さらにその上には，炉底ないしは排滓孔付近に留ったとみられる大形滓および土留めとして用いられていたかとみえる平石1枚が残されていた。

炉周辺の堆積土は，25cmメッシュで大半を取りあげているが，土中には砂鉄が含まれ，今のところ鉱石はみあたらないので，本炉は砂鉄製錬炉と考えられよう。

2号製鉄炉 8号炭窯焼成部焚口付近を再加工し，炉床としている。炉に接し，東側に直径1.5mほどの円形ピットを掘っているという点では1号炉と同じであるが，西側は，9号炭窯側庭作業面に溝状の整形を加え，作業空間をほぼそれに一致させている。

炉床整形部は65×65cmの正方形を呈し，さらにその内を円形に浅く掘り窪めている。炉床掘方と炉の形態が直接対応するとすれば，同程度の正方形ないしは円形の炉形が考えられるが，最下層の木炭・灰層上のよく焼け締まった粘土層は，さらに外方まで延び広がり，それが途絶える位置に，流出滓と考えられる拳大の鉄滓が集中することからみれば，長辺90cm・短辺65cm程度の長方形の炉形を考えることができよう。なお，炉床粘土層にはスサの痕跡は認められない。

炉床部をおおって，炉壁片が多数発見されたが，いずれも内面を下にしており，これにはスサ痕跡が顕著に認められた。

3 遺構の所属時期

本遺跡では，幸いにも遺構の所属時期を推定するための最も信頼すべき遺物，すなわち須恵器・土師器片が，この種の遺跡としては例外的に多く，また遺構に共伴して発見された。ただ，その年代観については幅があり，それが遺構群の継続幅を示すのか，さらに限定できるのかについては，にわかには決め難い。6世紀代に遡る可能性を含みつつも，7世紀前半代の製鉄・製炭遺構と暫定的にしておきたい。

4 まとめ

炭窯および製鉄炉の大半には連続した切り合いの関係がみられ，多数発見された遺構も一時期1基存在したにすぎないと考えられる。炭窯に対し製鉄炉2基というのは，この場が本来鉄製錬の場であったとは考えにくいことを示している。鉄滓の集中箇所はほぼ2基の炉周辺に限られ，総量も少なく，工房などの遺構も，広範に発掘調査したにもかかわらず確認できなかった。

本遺跡周辺で，すでに鉄生産に係わるとみられるほぼ同時期の住居・墓・炭窯などが発掘調査されており，やや地域を異にして工房址群も調査されている。これらを総合して，当時の鉄生産に係わる諸関係を明確にとらえることが出来れば，製鉄集団のあり方，ひいては当時の集団構造を解明する第一歩となるであろう。

なお，調査に際し，近藤義郎先生，河本清氏，穴沢義功氏，大澤正己氏ほか，多くの方々の御指導，御教示をいただいた。

また，遺物の所属時期については，田中琢氏，葛原克人氏，伊藤晃氏ほかの教示を得た。深謝。

●最近の発掘から

竪形炉をもつ製鉄址——秋田市坂ノ上E遺跡

菅 原 俊 行　秋田市教育委員会

　秋田市南東部地域は，昭和56年6月の秋田空港の開港，東北横断自動車道秋田線秋田インターチェンジ開設など，空陸両面の交通の要衝に位置し，南東部地域における御所野地区についてはとくに広大な台地であることから，いち速く開発可能性などについての各調査が実施され，県市総合計画においても産業，住宅団地が一体となった総合的ニュータウン＝臨空港新都市として具体的に位置づけられた。

　昭和57年度は，今後の開発計画に対処するため，遺跡の範囲確認調査を実施し，その結果，台地上に24カ所の遺跡を確認し，昭和57年度，5カ所，昭和58年度は，坂ノ上E遺跡を含めて7カ所の遺跡発掘調査を行なった。

1　遺跡の概観

　秋田市街から国道13号線を南下し，仁井田，横山地区を過ぎ，坂を登ると標高40m前後の広大な台地が開ける。これは奥羽本線四ツ小屋駅方面からもよく見える平坦な台地であり，御所野台地または末戸台と呼ばれている。遺跡は，四ツ小屋駅から直線距離にして約700m北東に所在し，南と北の沢にはさまれた台地上にあり，遺跡を二分する市道の南側は斜面である。遺跡の標高は約40mで，上野台段丘Iと呼ばれ，表層の1〜2mの粘土質火山灰層を除くと，段丘堆積物は最大径20〜30cmの礫を含む礫層であり，厚さは5m程度で，その下部は第3系となっている[1]。

　遺跡は，縄文時代前期末葉から晩期にかけての時期で，中期末葉の遺構・遺物が主体である。検出された遺構は，住居跡37軒，土壙122基，埋設土器遺構11基，製鉄炉1基，炭焼窯1基，その他の遺構である。とくに，縄文時代中期末葉（大木10式期）の，いわゆる複式炉を持つ住居跡群は，県内でも有数なもので，種々の課題を提起している[2]。

2　製鉄炉について

　秋田県内での製鉄関連遺構が検出された例は非常に少なく，能代市「中台遺跡」[3]，「竹生遺跡」[4]にみられる程度である。

　当遺跡の製鉄炉は，南面する沢部斜面を利用して構築されている。東西約1.9m，南北約2.3mの規模の施設

で，排水溝と考えられる炉を画す溝が西，北，東に回る。確認面から北側で最深1mを計り，沢部へ傾斜する。また，縄文時代中期の22号住居跡壁を切っている。炉は半地下式竪形で，残存状態は良く，炉壁高は65cmほどで，奥壁，側壁とも内湾気味に立ち上がる。炉底は楕円形（40×80cm）を呈し，南側（沢）にゆるやかに傾斜（15°）し，「ハ」の字状の袖をもつ前庭部に続く。炉体層序は，砂質系では第1〜3層までは砂質赤色土，焼土混入，第4〜6層は硬質な黒色（炭化物混入），青灰色シルトの堆積である。炉壁に2〜3cmのスサ入り粘土の貼り付けがみられ，2〜3回の修復が認められる。壁全面に指痕と思われる跡もみられた。炉壁および前庭部の袖部は熱を受け赤変して固く，鉄滓の大部分は炉体上部からの出土である。また，炉の北側平坦部に柱穴と考えられるピットと，炭化物を多量に含む黒褐色土，焼土を多量に含む灰褐色土を堆積する深さ約20cmの溝が検出され，上屋構造が想定されるがはっきりしない。前庭部，沢寄りにみられる礫は，段丘堆積物礫層の露出したものである。なお，炉底をたち割った結果，炉底の厚さは3cmで，その下部は砂質土で約5cmの厚さまで熱により赤変していた。羽口は検出されていない。

3　炭焼窯について

　製鉄炉と並行して東側9mに検出された。窯体は全長6.5m，最大幅1.3mを計る地下式のものである（調査中に天井部が崩落した）。窯体（底）の平面形は，焚口で若干細くなる長方形で，底面は焚口（沢部）にゆるやかに傾斜し，灰白色砂質土である。燃焼部，焼成部の壁面はほぼ垂直に立ち上がる。窯は作り変えが認められ，現底面より約20cm上に新しい底面が構築されていた。煙出しは先端奥壁と焼成部の左右両壁面にある。左右の煙出しはそれぞれ2つの排出口があり，古い排出口は粘土や鉄滓の補修でふさぎ，新しい底面のやや上に新たに煙排出口を設けていた。最終操業時の取り出していない炭が焼成部に整然と並んで確認された。材の長さは50〜60cmほど（樹種は楢と考えられる）で，切り口は鉈状工具による切截痕がみられる。燃焼部両壁面は火熱を受け，赤変している。前庭部は「ハ」の字に広がり，斜面へ続く。

75

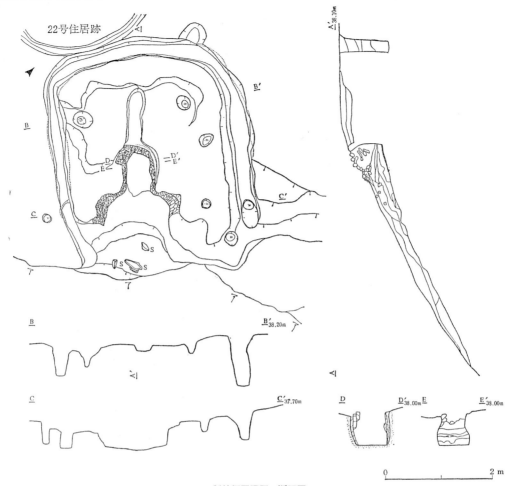

製鉄炉平面図・断面図

4 まとめ

当遺跡の製鉄炉については、県内では比較できる例はないが、最近は各地で検出され、報告がみられる。それらを参考にすると、製鉄炉の形態は、半地下式竪形炉であり、いわゆる北陸型と言われるもので、炉体は円筒形シャフト炉[5]である。また、製鉄炉東側に隣接して、斜面を「L」字状に削平した掘り込み（2×2.5m）が検出され、付属する施設と考えられるが、性格などについては不明である。また、製鉄炉、炭焼窯からの出土遺物は全く無く、操業時期は判然としないが、他遺跡[6]同形態炉などの検出例から推察すると、ほぼ9～10世紀の時期に該当するものと考えられる。今後の資料の増加を待ちたい。

製鉄炉（炉体上部、前庭部）、炭焼窯（煙排出口）で検出された鉄滓および砂鉄について、秋田県埋蔵文化財センター、熊谷太郎氏の紹介により、現在、東京工業大学、道家達将教授、高塚秀治技官に分析をお願いしてある。結果を待ち、後日、報告するつもりである。

註
1) 内藤博夫「秋田県岩見川流域およびその周辺の段丘について」第四紀研究，4—1，1965
2) 秋田市教育委員会『秋田臨空港新都市開発関係埋蔵文化財発掘調査報告書・坂ノ上E遺跡』1984
3) 秋田県教育委員会『中台遺跡発掘調査報告書』1978
4) 秋田県教育委員会『杉沢台遺跡，竹生遺跡発掘調査報告書』1981
5) 調査期間中、来跡し、製鉄炉を実見された、穴沢義功氏の御教示による。
6) 飯島武次・穴沢義功「群馬県太田市菅ノ沢製鉄遺構」考古学雑誌，55—2，1969
　倉田芳郎「群馬・菅ノ沢遺跡の精錬炉」考古学ジャーナル，70，1972
　阿久津久・田中秀文「茨城県花館ゴマンクボ製鉄遺跡発掘調査報告」人文論叢，No. 9，東京工業大学，1983
　富山県教育委員会『七美・太閤山・高岡線内遺跡群発掘調査概要』1983

緑山遺跡の製鉄製炭遺構全景

7世紀前半の製鉄炉
岡山県緑山遺跡

岡山県津山市教育委員会では、昭和58年度に、同市綾部緑山遺跡の発掘調査を実施し、俗にヤツメウナギと呼ばれる複数の横口を持つ細長い「窯」9基と、製鉄炉2基を発見した。その相互には、近密な関係がみられ、従来議論の多かったこの種の「窯」が、製鉄用炭窯であることが明白となった。また、年代的手がかりの乏しかったこの種の「窯」が、7世紀前半代まで溯ることも明らかとなった。

5号炭窯

5号炭窯焚口部

岡山県緑山遺跡

構　成／中山俊紀
写真提供／津山市教育委員会

1号製鉄炉

5号炭窯の天井部落下状況（上）と煙道煙出し部（下）

2号製鉄炉

坂ノ上E遺跡遠景（南から）

9～10世紀の竪形炉
秋田市坂ノ上E遺跡

構　成／菅原俊行
写真提供／秋田市教育委員会

秋田市教育委員会では、秋田臨空港新都市開発事業に伴う緊急発掘調査を昭和56年から進め、御所野台と呼ばれる台地に先土器時代から平安時代の各時期の遺跡を発掘調査し、現在も続行中である。坂ノ上E遺跡は縄文時代中期末の集落跡であるが、沢部には残存状態の良い製鉄炉と炭焼窯が1基ずつ検出され、今後、この分野に一石を投ずることになろう。

製鉄炉

秋田市坂ノ上E遺跡

炉体の前庭部

炉底の断面

製鉄炉炉壁

炭焼窯

炭焼窯内の炭残存状況

連載講座

古墳時代史
8. 古墳の変質(2)
―群集墳の階層性―

県立橿原考古学研究所研究部長
石 野 博 信

(4) 関東の横穴式石室墳（表12）

埼玉県黒田古墳群[13]は、全長41mの前方後円墳1基を含む6世紀前半から7世紀前半の30基余の古墳群である。調査された13基について、その副葬品をみると耳環（7基）、玉類（6基）、刀子（7基）、鉄鏃（6基）が顕著で、装身具類のほかは刀子と鉄鏃が多いことがわかる。ただし、刀や馬具も副葬されていて前方後円墳を含む古墳群としての位置づけを考えさせる。

埼玉県塚本山古墳群[14]は、6世紀末から8世紀前半にかけての胴張横穴式石室を主体とする170数基の古墳群である。調査された28基の古墳の副葬品は、鉄鏃（11基）がもっとも多く、刀子（7基）、直刀（6基）がこれについでいる。刀子が比較的少ないこと、馬具をもたないことが目をひく。直刀の中には、頭椎大刀1振が含まれており（19号墳）、そこには成人男子が葬られていた。

関東の横穴式石室には、一部の古墳が刀や馬具をもち、多くの古墳は鉄鏃を副葬している傾向が認められる。刀子は、古墳群によってその比率に差があるように思われる。

(5) 東北の横穴式石室と横穴

仙台平野には、7世紀中葉に横穴式石室が導入され、普及した。中には、名取市山囲古墳のように金銅装頭椎大刀をはじめ直刀・刀子・鉄鏃・玉類などの豊かな副葬品をもつものや上郷古墳群や台町古墳群のように200基をこえる群集墳も形成された[15]。上郷109号墳（横穴式石室）には直刀1、刀子1、鉄鏃4、金環1が、135号墳には刀子片、鉄鏃8などが副葬されていた[16]。

東北北部の横穴式石室系竪穴式石室として著名な岩手県五条丸古墳群[17]（奈良時代）には、比較的多くの副葬品がある（表13）。土器以外の副葬品をもつ26基の古墳についてみると、多量の玉をもつ古墳がもっとも多く（18基）、刀子（13基）、直刀（9基）、鉄鏃（9基）がこれについでいる。また、轡一具をもつ古墳が2基あることは注目すべきであろう。

東北南部の横穴は九州系の装飾をもつ福島県中田横穴（銅鏡・銅鋺・銅釧・金銅装馬具・耳環・玉類）や宮城県亀井囲横穴群（方頭大刀・直刀・馬具・帯金具）など豊富な副葬品をもつものと、宮城県枡形横穴群（11基で玉類5点と土器数点）のようにほとんど副葬品をもたない一群があることはよく知られている[18]。

副葬品の少ない横穴群の一端を宮城県青山横穴群（7世紀～平安）と同混内山横穴群[19]（8世紀）でみると表14のとおりである。両群の横穴14基のうち、土器以外の副葬品をもつのは6基であり、そこには直刀（3基）、鉄鏃（3基）、刀子（2基）が認められる。

東北では、地域によっては横穴が豪族層の主たる埋葬施設であって豊かな副葬品をもつとともに、横穴式石室系竪穴式石室や多くの横穴群の副葬品では直刀・刀子・鉄鏃の三者がきわだっている。

● 群集墳の副葬品 ●

前項では、日本列島の数多くの群集墳の中から10群を選び、その副葬品について各地域ごとに検討した。本項では、群集墳ごとの各副葬品の比率を求め、汎日本列島的な傾向と地域相互の比較を行なってみたい（表15）。

とりあげた10ヵ所の群集墳の調査古墳数は270基であり、そのうち土器以外の副葬品をもつ古墳は164基で、約60％を占める。言いかえれば、約40％の古墳が飲食物供献を主体とした葬送儀礼

81

表 12　関東の横穴式石室墳と横穴の副葬品

副葬品＼号	黒田古墳群 1	3	4	5	6	7	8	9	10	11	埼玉・塚本山 1	3	4	5	7	8	9	10	11	12	13	15	16	17	18	19	20	21	22
耳環			○	○	○		○	○	○	○														○3	○3				○2
玉		○		○			○	○		○															○	(頭椎1)			
刀	○1							○	○		○ツバ1					○1								○1	○2				
鉄鏃		○	○	○				○	○	○	○4	○1			○1		○1							○6	○4		○1		○20
刀子	○					○		○	○	○		○1						○				○	○	○	○	○	○	○	
円筒埴輪	○			○	○		○		○		○									○									
形象埴輪					○				○											○(1)									
その他	馬具○	馬具○													鉄地金具				成2金具					○3		成1	成1	成1	成1
人骨												成年1							成年・未成年			成人1		成年1	成人・未成人		成人1		成人2
埋葬施設											(図)	(図)		(図)	(図)	(図)	(図)	(図)	(図)	(図)		(図)	(図)	(図)		(図)	(図)	(図)	(図)
時期	6C後半7C前半	6C前半			6C前半						7C前半	7C後半		〃	↓8C		8C前後		7C後半		7C中		7C後半	6C末〜7C前後	7C中			7C中	〃

(13・14・15は遺物なし)

表 13　東北北部の横穴式石室の副葬品

副葬品＼号	猫谷地 3	五条丸 5	〃14	〃19	〃20	〃21	〃22	〃23	〃24	〃30	〃31	〃35	〃36	〃39	〃45	〃47	〃48	〃49	〃50	〃51	〃52	〃65	〃66	〃69	〃71	〃72	〃73	〃75	基数(五条丸)
耳環	○2																												
玉		○多	○多	○	○	土玉55○	○多	ガラス小玉54土玉71○	○多	土玉97○	○多	ガラス小玉土玉305○	36	土玉237○	○				○		○多	○	○	○多		○		○	18
刀			○1			○1			○1			○2		○1				○3			○2	○1				○1			9
鉄鏃	○3				○1			○1								○1		○1	○57			○12	○6	○8					9
蕨手刀	○1					○1			○1										○1										3
刀手	○1				○1	○1	○1				○1	○1	○1		○1				i1	○2	○1	○1		○1		○1			13
馬具 くつわ															○(つか具)1				○(つか具)1										3
馬具 鉸具																			○1										
その他	青銅石突	金銅円形金具○2				瑠尾金具○1								鉄目釘1					(刀玉)界1刺突具1 (カマ1 鎌1 金環金具1)					環状鉄器○(馬具1) 鏡金属全具1 (帯金具7)			農工具2	

(1・2・4は遺物なし)

を行なっていたのであり，各地域の群集墳，ある
いは群内の支群すべてが飲食物供献を主体として
いる事例は少なくはない。例えば，兵庫県雲雀山
古墳群東尾根B支群[20]では，ほとんど乱掘されて
いない23基の小型横穴式石室と小型竪穴式石室
を全掘し，土器以外では刀子1本が出土しただけ
であり，さらに土器さえもたない石室が10基あ
る。もっとも，同支群は7世紀前半から中葉にか
けて形成された古墳群であって，6世紀の近畿の
群集墳の副葬品の傾向を代表させる事例としては
必ずしもふさわしくはないが，さきにみた7世紀
を盛期とする福岡県小牧西牟田横穴群や埼玉県塚
本山古墳群の副葬品のあり方とは著しく異なる。

　約60%の土器以外の副葬品をもつ古墳では，
鉄鏃と刀子の副葬が目立つ。耳環・玉の装身具以
外では，刀が10%をこえ，馬具は少ない。刀子
はナイフであり，「つねに佩用して食事にも，雑
用にも用いられる」[21]と考えられている。つねに
身辺に保持したナイフであるからこそ，多くの副
葬品をもたない階層の人々に副葬されつづけたの
だろうか。そうではないように思われる。身辺雑
用のナイフが，なぜこれほど広い地域に，永い期
間副葬されつづけられなければならないのだろう
か。

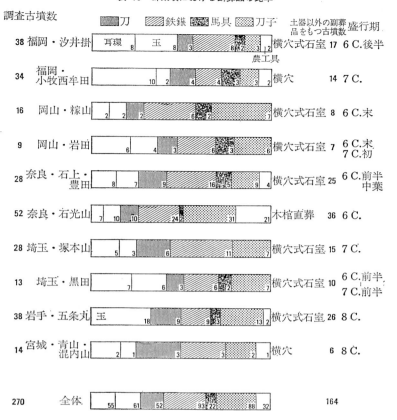

表15 群集墳における副葬品の比率

表14 東北南部の横穴の副葬品

がわかる。刀子は武器の一つであり，後世の護刀的な意識が芽生えていたかもしれない。

　刀子を武器の一つと考えうることになると，6・7世紀の群集墳の主体的副葬品となる鉄鏃と刀子の組合せの意味が理解しやすい。つまり，群集墳の被葬者は，攻撃用武器としての鉄鏃と防禦用武器としての刀子を象徴的に副葬したのであろう。それ以上に，刀を副葬しえたのは，より限られた人々であり，馬具はさらに限定された。

　6・7世紀の群集墳の階層を副葬品によって分類すれば，つぎのとおりであろう。

A．馬具階層 < $\begin{matrix}AA\\Aa\end{matrix}$ 　金銅装馬具　
　鉄製馬具 < $\begin{matrix}Aa_1\\Aa_2\end{matrix}$ 馬具一式
馬具一部

B．刀階層

C．鉄鏃階層 < $\begin{matrix}CC\\Cc\end{matrix}$ 鉄鏃一括
　〃　数本

D．刀子階層

E．土器階層 < $\begin{matrix}EE\\Ee\end{matrix}$ 多量
少量

F．ゼロ階層

　6世紀になると，汎日本列島的に爆発的に高塚

　刀子の機能を知るために，多くの古墳に刀子が副葬され，かつ原位置が保たれていた石光山古墳群についてその出土状況を検討してみよう（図20）。石光山古墳群の刀子の多くは棺内に副葬されている。刀子と刀が共伴する9棺のうち，両者が接しているのは5例ある。他方，刀子と農工具が共伴する15棺のうち，両者が接しているのは3例にとどまる。刀子と鉄鏃が接して出土する例はなく，刀子が単独で副葬されているときには棺中央付近におかれている例が多い。このような出土状況をみると，刀子は工具としては認識されておらず，刀と同じ扱いをすべきものと考えられていたこと

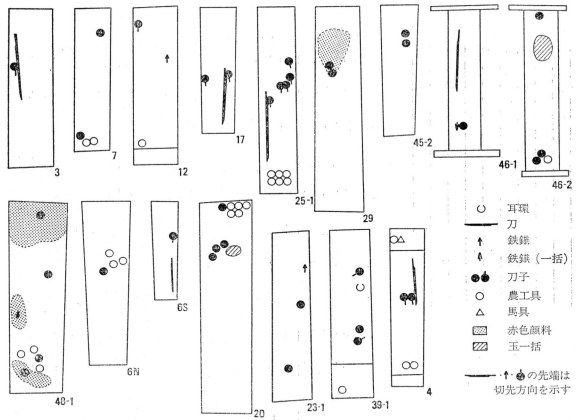

図20 刀子と刀・鏃・農工具の出土位置模式図（奈良県石光山古墳群）

古墳が造営されたと言われている。新たに造墓集団に加わったのはC・D・E・F階層であろう。AA馬具階層の多くは，装飾付大刀をもち，のちの国・郡単位に存在し，豊かな副葬品をもつ[22]。群集墳の中の馬具階層の多くはAa_2階層であり，その比率は5％余である。つまり，地域や古墳群による差はあるものの，おしなべてみれば轡一具，あるいはその一部をもつ古墳は，20基に1基程度であり，馬具をもたない古墳群の方がはるかに多い。「乗馬して戦う層と『歩兵』との差異」[23]は，前者が一部階層に限られ，後者が圧倒的に多いことを示している。

群集墳内の刀階層の多くは，ほとんど無装飾の鉄刀をもち[24]，その比率は10％余と比較的多い。奈良県石上・豊田古墳群ホリノオ支群では，6基中5基が刀をもち，同タキハラ支群（5基）は全く刀をもたず，刀子と鉄鏃に限られるなど支群単位の階層差が存在する。

鉄鏃階層は，矢入れに入れた矢を一括副葬しているCC階層と，2・3本の矢を副葬するCc階層に分けることができ，群集墳内では後者が多い。奈良県石光山古墳群では，52基中24基に鉄鏃が副葬されていたが，うち一括副葬されていたのは5基（4・8・16・38・46号墳）だけである。これら5基は，馬具階層1基，刀階層3基を含み，より上層者が矢入れのまま副葬する場合が多いことを示している。1基の鉄鏃階層が，鏃7本ともっとも少ないのは象徴的である。

今回，刀子と土器類だけを副葬する古墳群を摘

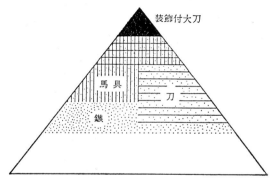

図21 群集墳における武器の階層性（新納論文による）

84

出していないが，兵庫県焼山古墳群では刀子1本だけをもつ木棺直葬墳が多く，群としての刀子階層も存在するものと思われる。ただし，多くの場合は少なくとも鉄鏃と共伴するようであり，鉄鏃・刀子階層として把握した方がよいかもしれない。

本項で示した群集墳の階層性は，新納泉氏が大阪府塚原古墳群をモデルとして概念化した図式とほぼ等しい（図21）。しかし，それは一つの概念にすぎないのであり，各地域の群集墳の階層性はより多くの資料を分析した上で構築しなければならないだろう。

註
1) 森　浩一『古墳』保育社，1970
2) 白石太一郎「石光山古墳群のまとめ」葛城・石光山古墳群，奈良県教育委員会，1976
3) 森　浩一「後期古墳の研究—和泉」古代学研究，30，1962
4) 上野与一・吉岡康暢「後期古墳の研究—加賀」古代学研究，30，1962
5) 和田　萃「殯の基礎的考察」史林，52—5，1969
6) 村上久和・吉留秀敏・佐藤良二郎『上の原遺跡群Ⅰ』大分県教育委員会，1982
7) 上野精志ほか『九州縦貫自動車道関係埋蔵文化財調査報告22』福岡県教育委員会，1978
8) 酒井仁夫『小牧西牟田横穴群』鞍手町教育委員会，1981
9) 村上幸雄『稼山古墳群Ⅱ』久米開発事業に伴う文化財調査委員会，1980
10) 神原英朗『岩田古墳群』岡山県山陽町教育委員会，1976
11) 白石太一郎・河上邦彦ほか『葛城・石光山古墳群』前掲
12) 泉森　皎ほか『天理市石上・豊田古墳群』Ⅰ・Ⅱ，奈良県教育委員会，1975・1976
13) 塩野　博・小久保　徹『埼玉県花園村黒田古墳群』同調査会，1975
14) 増田逸朗ほか『塚本山古墳群』埼玉県教育委員会，1977
15) 氏家和典「仙台平野における横穴式石室古墳について」多賀城跡調査研究所紀要，4，1977
16) 氏家和典「群集墳と横穴古墳」古代の日本，8，角川書店，1970
17) 伊東信雄・板橋　源『五条丸古墳群』岩手県教育委員会，1963
18) 註16）文献に同じ
19) 佐々木安彦・三宅宗議『青山横穴古墳群・混内山横穴古墳群』三本木町教育委員会，1975
20) 石野博信『兵庫県宝塚市長尾山古墳群』兵庫県埋蔵文化財集報，第一集，1971
21) 小林行雄「刀子」考古学辞典，創元社，1959
22) 新納　泉「装飾付大刀と古墳時代後期の兵制」考古学研究，119，1983
23) 今井　堯・近藤義郎「群集墳の盛行」古代の日本，角川書店，1970
24) 静岡県宇洞ヶ谷横穴をはじめ，横穴で装飾付大刀をもつものがあるが，新納氏も指摘しておられるように，それらは独立墳的な性格をもつものと理解しておきたい。

奈良県石光山古墳群（航空写真）

考古学と周辺科学 6

鉱 物 学

最近，黒曜石などの微量成分元素存在量の検討によって，原産地と遺跡間の関係が明確に結びつけられるようになってきた

東京学芸大学教育学部助手　二宮修治
（にのみや・しゅうじ）

　近年，考古学資料の自然科学的手法による研究は，考古学と自然科学の両分野の研究者間の密接な共同研究あるいは研究協力により，著しく進歩し数多くの成果が得られている。

　多岐にわたる考古学資料を材質という観点からとらえると，多くの考古学資料は天然に産する岩石・鉱物・鉱石などを原料として，直接あるいは加工して用いている。たとえば，石器類は天然の岩石そのものであり，土器・陶磁器類は地表における母岩の風化作用により生成した粘土などを原料として焼成されたものである。また，装飾古墳などにみられる顔料も鉱物などをそのまま用いている。さらに，ガラス類や金属器類もその原料としては鉱石などから得られたものである。これらの意味において，岩石・鉱物・鉱床学からの考古学への寄与は極めて大きくなくてはならない。これら全般に関しては，岩石・鉱物学的な観点からのものも含めて，多くの解説がなされている[1～5]。また『考古学と自然科学』などの雑誌に，総説をはじめ新しい研究が報告されている。

　本稿では，考古学と岩石・鉱物学との接点という観点から，化学組成とくに微量成分元素を中心に黒曜石の原産地推定の方法と実際例について述べる。なおここでは，考古学資料の岩石・鉱物学的研究において，有用なる成果が得られている土器類資料の研究に関して触れることができない。この方面の研究については，土器類の胎土分析に関する解説[6]をご覧いただきたい。

微量成分元素の挙動

　考古遺物の産地を推定する場合，岩石・鉱物学的方法，物理的方法および化学的方法などによる材質学的検討にもとづく識別・同定が基本となる。諸種の方法は，それぞれ特長を有するが，分析化学にもとづく微量成分元素存在量による産地推定も有効な方法の一つである。

　一般に，化学分析において，岩石のようなケイ酸塩物質の場合，通例としてその存在量（濃度）が0.01％以上の元素を主成分元素，それ以下の元素を微量成分元素と称する。微量成分元素は，存在量の単位として ppm (part per million, 1 ppm = 1 μg/g) を用いる。

　ここで考古遺物の産地推定に関して，微量成分元素の有用性を論ずる前に，岩石・鉱物学の分野での微量成分元素の挙動に関する研究の一例として，造岩鉱物中の元素の分配に関する研究について紹介しておきたい。

　岩石は地殻および上部マントルを構成する物質で，数種の鉱物の集合体である。火成岩，堆積岩，変成岩に分類されるが，量的には火成岩が大部分である。地上に現われた火成岩と，その噴出前すなわちマグマとの関係を模式的に図1に示す。マグマ中で結晶化した火成岩中の斑晶は固相で，噴出後の急冷によって生じた石基は液相とみなすことができる。

　各種岩石・鉱物中の元素存在量を統一的に解釈するために，Onuma et al.[7] は，この斑晶（固相）と石基（液相）間の濃度比を分配係数 (Partition Coefficient) と定義し，その分配係数をイオン半径

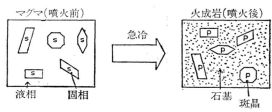

図1　火成岩とマグマ（噴出前）との関係

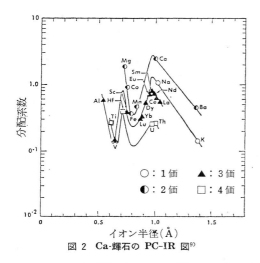

図2 Ca-輝石の PC-IR 図[9]

(Ionic Radius) に対しプロット (PC-IR 図とよばれる[8]) した。PC-IR 図の一例を図2に示す。各元素はそのイオン半径と電荷の大きさにより，その鉱物の結晶構造に従って規則正しく分配されている。0.70Å, 0.95Å のピークは，Ca-輝石の結晶構造中の6配位の M_1 サイト，8配位の M_2 サイトにそれぞれ対応している。多くの造岩鉱物に対し，斑晶－石基間の元素の分配係数が測定され，この斑晶－石基間の元素の分配を支配する因子は，斑晶の結晶構造である―結晶構造支配則―という結論が導かれた。

このような研究が直接的に黒曜石の原産地推定などに応用されるわけではないが，あらゆる元素がマグマの発生・分化の過程で，規則的に分配される（一部例外の元素もある）ことは，考古学資料を分析化学的に検討する際に重要な意義をもつ。つまり考古学資料中の微量成分元素存在量は，それらが生成する過程でのすべての出来事を凍結した形で保持しており，**微量成分元素間の存在量関係に何らかの規則性が見い出せるはずである。**

黒曜石の原産地推定

黒曜石の原産地推定に関する研究は現在活発に進められており，鈴木[10,11]，近堂[12]，藁科・東村[13]などの報告が良く知られている。原産地推定の方法としては，フィション・トラック法，水和層年代法，晶子形態法，蛍光X線分析法，放射化分析法などが用いられている。これらの自然科学的手法による黒曜石の原産地推定の原理および具体的成果については，近堂ら[12]，小田[14]により詳細な解説がなされているので，ここでは岩石・鉱物化学的観点より，黒曜石中の微量成分元素の定量法，およびその存在量にもとづく黒曜石の原産地推定について紹介する。

先に述べたように，岩石・鉱物学の分野において，岩石・鉱物中の微量成分元素の地球化学的検討は，それらの成因を論ずる上で極めて重要な研究方法の一つであり，この方面の研究は著しく進歩している。諸種微量成分元素の定量には，放射化分析法が最も有効な方法として用いられている。なお，本法は適応範囲が広いため多岐にわたる考古学資料に応用され，考古学上有用な成果を挙げている[5]。

機器中性子放射化分析法

貴重な考古学資料中の主成分元素あるいは微量成分元素を定量する際に，最も必要とされる条件は，少量の試料で多元素が同時に定量できることである。この場合，非破壊的な分析法の採用も重要な要因となる。現在，考古学資料の化学分析法として，発光分光分析法，原子吸光分析法，蛍光X線分析法，中性子放射化分析法などが用いられているが，諸種微量成分元素の多元素同時定量法としては中性子放射化分析法が有効である。

この方法は通常の分析法と異なり，試料を原子炉内で中性子照射し，人工的に原子核反応を起こし，その生成する人工放射性核種の放射能を測定することにより定量分析が可能となる。一般には，非破壊的（中性子照射後化学的分離を行なわない）に生成核種のγ線の測定を行なう。この方法は，機器中性子放射化分析 (Instrumental Neutron Activation Analysis) とよばれ，検出分感度が高く，少量の試料で多くの微量成分元素の定量が可能である。さらに照射時間，冷却時間（放射能の減衰を待つことを言う），測定時間の選択により，多元素の同時定量（25元素程度）が可能である。

本法の実際として，一般的に行なわれている一例を紹介する。

試料は，生成核種のγ線測定におけるジオメトリーを一定にするため，細粉化し照射試料とする。試料の細粉化は，純水―超音波洗浄後，水和層および遺物番号などの記載部分の除去，ステンレス・スチール製粉砕器での粉砕，メノウ乳鉢での細粉化の手順で行なう。

細粉化試料約 50 mg を精秤し，ポリエチレン袋に二重に封入 (1cm×1cm) し，標準試料ととも

に 20～25 試料ずつ照射キャプセルに入れ，立教大学原子力研究所 TRIGA Mark II 原子炉 RSR（回転試料棚：中性子束 $5 \times 10^{11} \mathrm{n \cdot cm^{-2} sec^{-1}}$）にて 24 時間熱中性子照射し，Ge(Li)（リチウムドリフト型ゲルマニウム）半導体検出器—マルチチャンネル波高分析装置を用い，生成核種のγ線スペクトロメトリーにより定量を行なう。

γ線の測定は，生成核種の半減期の違いにより，各照射試料について，4～5 日間冷却後 500～1000 秒間測定，1～2 週間冷却後 3000～5000 秒間測定，さらに，1～2 ヵ月間冷却後 10000～20000 秒間測定の 3 回行なう。定量は，同時照射した合衆国地質調査所（USGS）標準岩石 AGV-1（安山岩），GSP-1（カコウ閃緑岩），G-2（カコウ岩）を比較標準とする方法（比較標準法）により行なう。本法により，Na, Fe, Rb, Cs, Ba, La, Ce, Sm, Eu, Yb, Lu, U, Th, Hf, Ta, Co, Sc, Cr の定量が可能である。定量性については，同時照射した地質調査所（GSJ）標準岩石 JB-1（玄武岩），JG-1（カコウ閃緑岩）などの定量結果により検討する。なお，最近黒曜石の標準岩石 JR-1, JR-2（和田峠産）も配布されており，これらの定量も行なわれている。

原産地黒曜石の微量成分元素存在量

日本産黒曜石の原産地[12,14]は比較的限定されており，現在まで露頭の確認されているものに転石のものも加えて，およそ 40 地域の原産地が知られている。その大部分は SiO_2 (wt%) 71～76% の流紋岩質黒曜石である。

すでに代表的な原産地黒曜石の微量成分元素存在量が報告されている（北海道[12,15]，本州[10,11]，九州[17,18]）。原産地黒曜石の諸種微量成分元素存在量の各元素間の関係の一例を図 3 に示す。原産地黒曜石として 15 ヵ所 92 試料について分析されたもので，Rb に対する Eu, Lu, Th, Sc の存在量の関係を示した[16]。

原産地黒曜石は各原産地ごとに比較的まとまり，これら微量成分元素存在量の関係は，原産地黒曜石の地域的特徴を示している。また，Rb-Th における正の相関，Rb-Eu における負の相関，さらに Rb-Lu, Rb-Sc にみられる Rb 濃縮にともなう負の相関から正の相関への移行（Rb 100 ppm 前後）など，これらの元素存在量の関係は，黒曜石の成因に大きく支配されていると思われる。

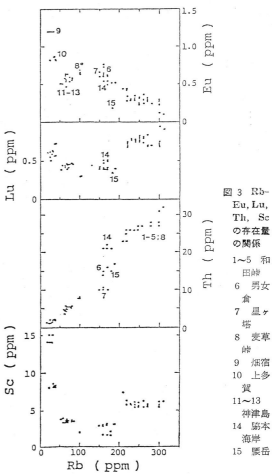

図 3 Rb-Eu, Lu, Th, Sc の存在量の関係

1～5 和田峠
6 男女倉
7 星ヶ塔
8 麦草峠
9 畑宿
10 上多賀
11～13 神津島
14 脇本海岸
15 腰岳

黒曜石の成因に関しては，酸性マグマの発生過程を考えなければならないが，その起源物質（マントル由来物質，玄武岩質，酸性火山岩，中性火山岩，堆積岩など，すべてが考えられる）が不明など諸種の条件が複雑なため，現在のところ，まったく解明されていないのが現状である。マグマから黒曜石への生成過程において，明らかに各元素の地球化学的挙動を反映して，黒曜石中の微量成分元素存在量は，原産地ごとに顕著に異なっている。この事実は，岩石・鉱物学的にも，考古学的にも重要であり，前者は黒曜石の成因の解明に，後者は黒曜石の原産地推定に貴重な武器となり得るであろう。

微量成分元素存在量により原産地黒曜石について，明確に原産地ごとに識別・分類することができるということは，遺跡出土黒曜石の原産地推定が可能であることを示唆している。この際に有効な元素を産地識別の示標元素とよび，これらの元素存在量の関係から，黒曜石の原産地推定が行な

われている。

放射化分析法による日本産黒曜石の原産地の識別・同定には，Rb, Cs, La, Eu, Lu, Th, Sc などが有効である[16]。

希土類元素パターン

産地識別の示標元素のうち，La, Eu, Lu はいずれも希土類元素（rare-earth element：REE）である。狭義で希土類元素とは，原子番号が 57 から 71 までの連続した 15 元素（La, Ce, Pr, Nd, Pm, Sm, Eu, Gd, Tb, Dy, Ho, Er, Tm, Yb, Lu；しかし普通には，これ以外に化学的性質の良く似た Sc と Y を含む）を言う。

希土類元素は，岩石化学の分野で研究され，マグマの発生・分化を理解する上で大きな威力を発揮している。岩石中の希土類元素存在量をコンドライト隕石中の希土類元素存在量で割り（比をとる），規格化する。この比の対数を原子番号順に横軸に対しプロットする。"Masuda-Coryell プロット" とよばれるが，一般には，希土類元素（REE）パターンあるいはコンドライト隕石規格化パターンとよぶ。

黒曜石の希土類元素パターンの一例を図 4 [18] に示す（機器中性子放射化分析法では，La, Ce, Sm, Eu, Yb, Lu の 6 元素が定量できる）。各原産地について

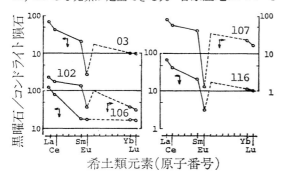

図 4 希土類元素パターン
原産地（番号は図 5 に同じ）遺跡（03：都地遺跡）

比較すると，希土類元素存在量，パターンの傾き，Eu の負の異常の程度などに大きな差異が認められる。この希土類元素パターンの原産地間の差異も，黒曜石の生成過程の違いを反映しているので，このパターンにもとづく検討も有効な方法である。

黒曜石の原産地推定の実際

黒曜石の原産地推定の方法として，分析地球化学的な検討から，微量成分元素存在量および希土類元素パターンが極めて有効であり，原産地推定が可能である。

原産地推定の一例として，泉福寺洞穴出土黒曜石[18]と都地遺跡[17]出土黒曜石の原産地推定について紹介する。

九州地方の黒曜石の原産地推定の示標元素として Fe, Eu, Cs が有効であり，原産地間の差異が明確となる。Fe-Eu の存在量の関係を図 5 に示す。泉福寺洞穴出土黒曜石（60 試料）は明確に 2 群に分かれ，L 群は添黒色黒曜石で，H 群は灰黒色黒曜石で考古学的に認められた石材の区分と一致した。さらに原産地黒曜石と対比して，L 群は腰岳産，H 群は東浜産の黒曜石と推定される。

都地遺跡出土黒曜石（5 試料）の希土類元素パターンの一例を前述の図 4 に示してある。5 試料とも同一のパターンを示し，腰岳産黒曜石（116）のパターンと極めて良い一致を示している。微量成分元素存在量においても腰岳産黒曜石と一致し，この都地遺跡出土黒曜石はいずれも腰岳産である。

この数年間において，黒曜石の原産地推定に関して，微量成分元素存在量にもとづく検討を含めて目覚しい進歩をとげ，原産地と遺跡間の関係を明確に結びつけることが可能となった。この意味において，まさに考古学と自然科学との接点として出発点に位置したと考えられる。つまり，原産地と遺跡間の関係を，時間的，空間的に研究する

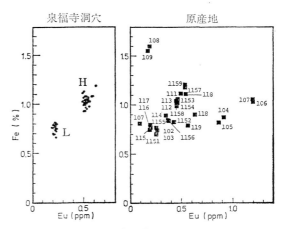

図 5 Fe-Eu の関係
原産地（101：年の神 102, 103：姫島 104, 105：大山 106：京徳 107〜109：壱岐 110, 111：東浜 112, 113：勝負越 114：牟田 1150〜1159：古里海岸 116, 117：腰岳 118：矢筈岳 119：三船）

ことが始まったわけである。これらの研究は，交易圏・文化圏を論ずる上での基礎的研究として意味をもつであろう。

すでにこのような観点から黒曜石の原産地推定が行なわれ始めている。ここでは，一例として野川流域を中心に縄文文化層出土黒曜石の原産地推定[17]について紹介する。この研究は，関東地方における縄文文化層出土黒曜石の原産地推定に関する基礎的研究として行なわれている。

はけうえ遺跡，野川遺跡（縄文早期），荒牧遺跡，中山谷遺跡，多摩ニュータウン107遺跡，前原遺跡（縄文中期）より出土した黒曜石（6遺跡55試料）である。原産地推定の結果を表1に示す。分析数が極めて少ないため，量的な関係を論ずるまでには至っていないが，野川流域では，縄文早期は少なくとも和田峠，星ヶ塔（霧ヶ峰），神津島の3系統の黒曜石が使用され，縄文中期では，主に神津島の黒曜石が使用されたと考えられる。現在，さらに同遺跡出土黒曜石ならびに周辺遺跡出土黒曜石についても検討中である。また原産地黒曜石についても分析を行ない，データが蓄積し始めているが，これらに関しては別の機会に論ずるつもりである。

今後，黒曜石の原産地推定に関する研究はますます発展すると思われる。一方，貴重な考古学資料の分析のための破壊という宿命を現段階では避けることができない。このため，化学分析をする場合は，あらゆる可能性を考えて，考古学資料に対し可能な限り分析化学的記載をしなくてはならない。もちろん，非破壊的な分析法の開発も重要な研究となる。

分析法の改良，未発見あるいは未研究の原産地，過去の原産地の消滅など検討する課題は多い。とくに黒曜石の原産地推定をより正確な方法とすることは，大きな課題である。これには，化学分析における正確さや精度をより向上させることはもちろんであり，さらに岩石化学的に黒曜石の成因を解明することにより実現されるであろう。

註

1) M. S. Tite『Methods of Physical Examination in Archaeology』Seminar Press, London & New York, 1972

2) 東村武信『考古学と物理化学』1980

3) 馬淵久夫・富永 健（編）『考古学のための化学10章』，1981

4) 大沢真澄「考古資料の理学的分析と年代測定法」『考古資料の見方＜遺物編＞』p.301-371, 1977

5) 馬淵久夫・富永 健「考古学への応用」『核現象と分析化学』化学総説 29, p.213-224, 1980

6) 小林達雄ほか『縄文文化の研究 5―縄文土器III』p.20-86, 1983

7) N. Onuma et al.「Trace element partition between two pyroxenens and the host lava」Earth Planet. Sci. Lett., 5, 45-51

8) 松井義人「火成作用における元素の行動」『岩波講座地球科学4』p.165-189, 1979

9) N. Onuma et al.「Mineral/groundmass partition coefficients for nepheline, melilite, Clinopyroxene and perovskite in melilite-nepheline basalt, Nyiragingo, Zaire」, Geochemical Journal, 15, 221-228, 1981

10) M. Suzuki「Chronological of Prehistoric Human Activity in Kanto, Japan. Part I」J. Faculty of Sci., The Univ. of Tokyo, Sec. V, IV, Part 3, 241-318, 1973

11) M. Suzuki「Chronological of Prehistoric Human Activity in Kanto, Japan, Part II」J. Faculty of Sci., The Univ. of Tokyo, Sec. V. IV, Part, 4, 397-469, 1974

12) 近堂祐弘ほか「黒曜石石器の年代測定と産地分析」『考古学・美術史の自然科学的研究』p.68-81, 1981

13) 藁科哲男・東村武信「石器原材の産地分析」考古学と自然科学, 16, p.59-89, 1983

14) 小田静夫「黒曜石」『縄文文化の研究 8―社会・文化』p.168-179, 1982

15) 興水達司「石狩低地帯に出土する黒曜石の原産地」地球科学, 35, p.267-273, 1981

16) 二宮修治ほか「縄文時代遺跡出土黒曜石の原産地推定―野川流域を中心として」日本文化財科学会大会，昭和59年度要旨集, p.20-21, 1984

17) 二宮修治ほか「都地遺跡出土黒曜石の産地について」『若宮・宮田工業団地関係埋蔵文化財調査報告，第3集』p.8-89, 1980

18) 大沢真澄ほか「泉福寺洞穴出土土器の材質と焼成および黒曜石の産地」考古学ジャーナル, 172, 1980

表1 野川流域遺跡出土黒曜石（縄文文化層）

原産地 ＼ 遺跡	はけうえ	野川	荒牧	中山谷	多摩ニュータウン107	前原	合計
神津島	1	4	10	10	12	12	49
和田峠		1					1
星ヶ塔	4	1					5
合計	5	6	10	10	12	12	55

書評

たたら研究会編
日本製鉄史論集

たたら研究会
A5判 769頁
9,500円（〒共）

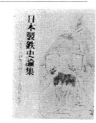

　太平洋戦争後，日本の考古学界が脚光を浴びつつ再発足した中で，人類に格段の飛躍をもたらした鉄・鉄器にかかわる研究領域は，一隅にとり残されたかの感があった。もともとこの分野の研究は，俵国一・西尾銈次郎氏らの自然科学者，あるいは森嘉兵衛氏ら経済史家達によって考古学とかかわりなく個別に行なわれてきたからである。

　この傾向は太平洋戦後においてもすぐに大きく変ることはなかった。もちろん，和島誠一氏が地道に自然科学者の研究成果を歴史研究の土俵にのせる試みを続けるなどの底流はあった。その後岡崎敬氏が原の辻遺跡などの鉄器研究成果を発表し，初期鉄器にまつわる問題を，また森浩一氏の鉄鋌論が鉄素材の問題を提起するにおよび，ようやくこの分野の歴史研究が意識されるようになってきた。

　このような学界動向を踏まえつつ，岡山県に近藤義郎氏ら20名余りの製鉄の研究会が発足したのは，1957年だったという。そして翌年にはたたら研究会として，機関誌『たたら研究』の刊行が始まった。

　わが国ではここに至って初めて「文化史と技術学とが遠く離れている」と19世紀の斯学の巨頭ベックを歎かせ，また岡崎敬氏の「鉄について一貫した各方面よりの研究を」という願望に応える体制が出来上がったのであった。以後年を追う毎にこの研究会活動の重要さに対する認識は深まり，11年目には全国学会としての地位を固めたと，潮見浩会長は回顧される。

　このたび創立25周年を迎えた同研究会は，これを記念して『日本製鉄史論集』という大冊を刊行された。10周年記念の『日本製鉄史論』に続く2冊目の本格的論集である。この論集には21氏によって纏められた，古代から近代という幅広い時代にまたがる論文17篇と，研究会史1篇とが収録されている。もちろん浅学の私に，この厖大な論考を批評する能力があるはずもないので，私が関心を抱いている領域についてのみその要目を紹介し，若干の感想を述べて責を果たすことにした。

　橋口達也氏は，かねてからの自説の補強・発展を試みた。すなわち，従来弥生時代中期後半ないし後期初めと考えられてきた鉄製農耕具の国産化は，石庖丁のあり方や最近の土器編年研究の成果などに照らして，後期後半でも遅い時期にようやく始まったと主張している。

　川越哲志氏も国産鉄製農耕具の盛行を弥生時代後期後半のことと認めた上で，「鉄刃農耕具」を鋤先と鍬先とに峻別する。そして弥生時代後期に北九州などで盛行したのは鋤先の方だったという。鋤は水田耕起には不向きな開墾土木用具であること，またその分布と出土状態をも勘案すれば，鉄製鋤先の国産を促したのは，畑作への必要性の高まりだったと推理する。両氏の見解に従うなら，弥生時代中期に始まるという乾田化を，鉄製耕具の出現で説明するのは考慮を要することになる。畑作専業集団の出現ともども興味深い問題を投じたといえよう。

　岡本明郎氏は長船鍛冶成立の背景解明を試みる中で，弥生時代にすでに鉄鉱石からの製錬が行なわれていたとする自説を再説した。いっぽう大澤正己氏は，鉄滓の豊富な分析データを用いつつ，製錬滓と鍛冶滓の特性を示した上で，古墳出土鉄滓を検討する。結果は，5世紀から6世紀中葉までの古墳出土鉄滓が鍛冶滓だったのに，6世紀中葉以降にわかに製錬滓が多くなったという。すなわち，わが国における鉄製錬は，一部5世紀中葉には始まったが，その盛行期は6世紀後半以降だったろうとする。

　大澤氏のように製錬の遅れを強調する立場からすると，鉄素材は海外に求めた点を重くみることになる。森論文以来，鉄素材と見られてきた鉄鋌について，村上英之助氏は自説をさらに補強した。つまり鉄鋌重量に認められる規則的多様性を重視して，「聖なる鉄」の貨幣性を強調する。この点は岡本明郎氏も肯定するが，貨幣性は朝鮮までのことで，わが国では呪的・宝器的存在だったと限定している。

　鉄鋌を鉄素材と認める立場でも，大澤氏は分析結果からこれらを朝鮮と関連づけるのに，佐々木稔氏らは中国に原郷を求める。佐々木氏らは漢代に始まる中国古代の炒鋼法の復原を試みた末，わが古墳時代鉄器にもこれによるものが少なからず存在するのに，わが国でこれを行なった痕跡が認められず，大和6号墳，花皆2号墳の鉄鋌がこれであることを重視する。このように鉄鋌をめぐる問題は多岐にわたって，意見の一致をみるまでには，間がかかろう。このことは本論集中「鉄鋌」を用いる人，「枚鉄」を提唱する人，「鉄葉」を使う人がいるなど，使用する名称の不統一ぶりにも示されている。

　窪田蔵郎氏，小田富士雄・武末純二氏の基礎研究など他にも興味深い論考は多いが，紙数も尽きてしまった。御一読をお奨めする。　　　　（岩崎卓也）

書評

加藤晋平・小林達雄・藤本強編
縄文文化の研究 10
縄文時代研究史

雄山閣出版
B5判 293頁
3,000円

　雄山閣創業65周年記念出版と銘うった『縄文文化の研究』全10巻は，本巻をもって完結した。短時日の間にこれほど多数の執筆者による原稿の処理にあたられた編集関係者諸氏の並々ならぬ力量とご努力にまずは敬意を表せざるをえない。

　さて，本シリーズの掉尾を飾る第10巻は縄文時代研究史と銘うつものの，巻頭，岡本勇氏の総論以外は日本考古学史上の代表的な縄文文化研究者24人についての人物論ないし評伝というかたちをとる。

　工藤雅樹氏による喜田貞吉論，永峯光一氏による坪井正五郎，林謙作氏による鳥居龍蔵論，泉拓良氏による浜田耕作論，戸沢充則氏による藤森栄一論，鈴木公雄氏による松本彦七郎論，それに小林達雄氏によるN.G.マンロー論などなど，いずれおとらぬ第一線の縄文研究者が，あくまで現代の視点から，日本考古学史に名だたる巨人たちを語る。面白からぬ道理はなく，実際，私は書評のことも忘れて次つぎに読み耽った。わけても佐原氏の山内清男論など，興味ぶかく拝見した。氏は別に山内先生の伝記をまとめられつつあるというから，これはそれへの序説，もしくは予告編のようなものなのだろうが，いずれにせよ先生逝って早くも14年，私など最晩年の先生しか存じ上げないが，それでも，あのこわい山内先生もついに伝記の中の歴史上の人物になってしまわれるのかと，感慨ぶかいものがある。またこれとは対照的に，E.S.モースや小金井良精や喜田貞吉，あるいは藤森栄一など，すでに詳細にして優れた伝記・評伝の書かれている人物を担当された方々には，ここで彼らをこのようなかたちで改めてとりあげて論ずるのは，それはそれでさぞ大変だったろうと思われたことである。

　ところで本巻は，全10巻の中でもとりわけ好評らしい。それはもちろんこうした興味ぶかい人物論の故には違いなかろうが，もうひとつ，巻末にかなり詳細な全巻分の総索引（事項・遺跡・人名ごとにまとめてある）が付されている，ということにもよ

るのではあるまいか。こうした索引が，いかに，この全10巻に収められている膨大な縄文世界にかんする情報をいわば活性化し，価値を高めているか計りしれない。

　今回完結した『縄文文化の研究』全10巻はまさに，現代における日本縄文学の総括，集大成の観がある。全国各地の縄文研究の第一線で活躍中の，新進気鋭の若手研究者のほとんどすべてを組織し，新しい調査法，確実な分析の基礎のうえに，日本列島全体にわたる広範にして最新のデータが扱われている。開発に伴う大規模な発掘で次々に明らかにされる膨大な量の資料・記録の海の中でほとんどおぼれかけているわれわれにとってみると，編集の意図どおり十分「体系化」されえたか否かは別にしても，少なくともこれらの情報は，暗夜の航路を照らす灯となるにちがいない。

　たとえば第3・4巻など，扱われた土器型式がいかなる基準で選ばれているのか，やや不統一の感がみられることなども，それによって編者の苦労が忍ばれこそすれ，とるにたらない細瑕というべきだろう。それどころか，ここにみる縄文土器は各時期とも型式分類・編年が一層精緻になっており，しかも近年目覚ましい進展をみせるたとえば環境・生業・集落・技術，あるいは精神文化といった方面の研究も，当然のことながらすべてはその基礎のうえにはじめて可能となっていることがつくづく痛感される。山内先生の理想に近づきつつあるといってよいだろう。

　いずれにせよこれは，今日のわれわれが共有する縄文時代にかんする全情報なのであって，これを今後どう解釈し利用しつつトータルな縄文時代論を構築するかは読者にまかされることになる。

　その反面，ここでは縄文文化にかんして何が謎のままなのかも，よく分るというものだ。そしてその未知の部分の多いことに驚きもする。しかし，そのことだけでもこの企画は成功ではないか。なぜなら，それはとりもなおさず，今世紀最後の15年間に縄文研究は一体何を明らかにすればよいのか，を示すことにもなっているからである。

　それにしても，縄文文化とは，日本民族史の上でいったい何だったのだろう。現代の日本列島住民であるわれわれにとっていったい何なのか。いま各巻のページをめくりながら私はこうした思いの湧きおこるのを止めることができない。

　日本史の各分野で，非稲作的さらには非農耕民的伝統の重要性が認識されてすでに久しい。それに伴って日本文化のルーツ探しの鍬も弥生の層を突きぬけて，縄文文化の層へと向かう。この『縄文文化の研究』こそはそうした作業を進めるためにも，ほとんど唯一，最良の拠りどころとなってくれるはずである。

（菊池徹夫）

論文展望

選定委員（敬称略・五十音順）　石野博信　岩崎卓也　坂詰秀一　永峯光一

小林達雄

縄文時代領域論

坂本太郎博士頌寿記念日本史学論集
上巻　p. 1～p. 29

縄文時代の歴史的叙述においては，主体者としての縄文人集団と彼らが根拠した活動舞台を具体的に把握する必要がある。縄文人集団と一定範囲の活動舞台との表裏一体をなした概念が領域である。換言すれば，おらがクニさ，おク＝言葉の，あのクニ・グニと呼ぶこともできる。縄文時代の日本列島には多数のクニがモザイク状に展開し，各々が個性的に歴史にかかわってきたのである。

縄文時代全期を通じ，約 70 の土器様式が各地に出現し，一定地域に根を下ろして一定期間維持された。これら全様式の分布圏を重ね合わせてみると，とくにその境界線が頻繁に集中するところと，集中の度合が中位の場合とさらに下位の場合がある。そして，主に頻繁かつ集中的に重なる境界線で囲まれた第Ⅰ地帯から第Ⅴ地帯が区別され，さらにこの五大地帯の内部にいくつかの土器様式圏を共有する中地帯 a・b・c……が存在する。また中地帯内においても，より局限される土器様式圏即ち核地帯 1・2・3……が認められる。これらの各境界はまた植生をはじめ海峡や脊梁山脈や積雪地帯などの自然的地理的条件などを反映していることがわかる。

土器様式のあり方が指示する大地帯・中地帯・核地帯の区分は，縄文時代における領域の 3 つの次元，例えば大領域・中領域・核領域という異なる次元の存在を予想せしめる。これら領域の三次元についての説明は，現在なお充分に尽すことができないが，縄文時代の領域の基本的単位として重要である。生業など日常的活動の大部分は，この核領域内で自己完結し，情報を共有する。一定の土器様式を支持する。中領域から大領域となるに従い，連帯意識は弱まり，観念的ならざるをえなかったのであろう。縄文社会の基本的単位としての核領域の解明は，今後ムラそしてムラ内部の家族などの検討にかかわる部分が大きいであろう。
（小林達雄）

大村　直

弥生時代におけるムラと
その基本的経営

史館　15号
p. 71～p. 91

弥生時代の集落が数軒の住居跡を基礎単位として構成されることはすでに認められている。また同時に，この小住居跡群が群として存在することも明らかといえよう。

従来，集落群の基本的景観は，大規模な所謂拠点的集落を中心として，周辺的・派生的な小集落が付帯する構造をもつと考えられている。これは，拠点的集落の存在を前提とし，人口圧を契機とする「分村」において説明されることが多く，この場合，一小住居跡群を単位とする小集落は，あくまでも二次的な存在として捉えられている。ただし，関東地方を例とした場合，一小住居跡群を単位とした集落跡が一般的であるのに対して，拠点的集落は各集落群において普遍的なものではなく，環濠集落を含め，長期継続的な存在ではない。神谷原遺跡など東京都浅川流域の集落群では，一定地域における，小住居跡群を単位とした集落の集合離散を捉えることが可能であるが，その中で所謂拠点的集落は，集落群の変遷の一過程において表われ，恒常的な存在ではない。集落の集合化・塊村化の契機は，かならずしも一元的ではないと考えられるが，少なくともこれに「母村」としての意義を想定することは容易ではない。環濠集落を含め，地域間の緊張状態をその要因として考える必要もあろう。

従来，弥生時代の農業経営は，共同体を基本的経営とする，アジア的大経営を基礎とすることが想定されてきた。しかし，この段階における積極的な河川利用は否定的であり，小住居跡群を単位とした集落の個別分散性に示される，耕地の分散的占有・分割労働が推察される。水田経営においては，栽培の集団化・協業規模の拡充が生産力の拡大を規定すると考えられるが，関東地方では，これに対応すると考えられる長期継続的な大集落は鬼高式期以降に顕在化する。弥生時代の集落構造，とくに所謂拠点的集落の必然性に関しては，改めて問題にする必要があろう。
（大村　直）

新納　泉

装飾付大刀と古墳時代
後期の兵制

考古学研究　30 巻 3 号
p. 50～p. 70

金銅や銀で飾られた大刀を出土する古墳は，現在全国で 300 基以上が知られている。本稿では装飾付大刀に関する従来の編年的研究を基礎として，これらの古墳の墳形，墳丘規模，石室規模，群構成，副葬品の種類などを検討し，その特質を明らかにすることによって，古墳時代後期の軍事制度の一面を考察しようと試みた。

装飾付大刀を出土する古墳は，普通，墳丘や石室の規模が大き

い。大型の前方後円墳や群集墳中の盟主的古墳からの出土が一般的で，副葬品から見ても，金銅装の馬具や華美な装身具を共伴する例が多い。したがって，装飾付大刀をもつ古墳の被葬者の階層は，首長層と共同体の頂点に位置する者が中心であると考えられる。それは，地方豪族と上層農民と言いかえることもできよう。

次に，装飾付大刀を出土する古墳の規模と内容に地域差がないかどうか検討する。実際には，首長墓と考えられる前方後円墳などから集中的に出土する地域と，群集墳を構成する比較的小規模な古墳からしか出土しない地域があり，その差が著しい。本稿では，首長墓型の古墳を中心とする場合を首長層の在地支配が維持されている地域とし，群集墳型の古墳に限定される場合を，畿内政権の直接支配がより進展し，首長層の権力が弱体化させられた地域と考え，畿内政権の地域支配の進展を読みとろうとした。

続いて，装飾付大刀の分布の時間的な変化を検討する。装飾付大刀の分布は，6世紀末ごろを境にその重心が東国に移動する。この現象は，畿内政権の軍事的基盤が東国に移動した結果であると解釈したい。その時期は，推古朝にあたると考えられる。

6世紀代を通じて畿内政権の地域支配は，さまざまな地域差をはらみながらも，地域首長層の権力弱体化と中央の軍事力への直接的編成を通じて進行する。そのような政策は，6世紀末から7世紀はじめにかけての時期にひとつの達成を見ると考えたい。

（新納　泉）

広瀬和雄

古代の開発

考古学研究　30巻2号
p.35～p.69

はたして大古墳が造営された背景には農業生産の急速な発達があったのであろうか，という問いのもとに，灌漑技術の展開を追究することによって，耕地の外延的拡大が主要なモメントである古代の開発に論及した。

古代の開発の第Ⅰ期は，弥生時代前期から同後期で，自然河川に堰を設けて水位を上昇させ，溝で導水する灌漑技法に基づく。この段階は堰の構造や材質の限界から，深さ1mを大きく越える河川は利用できず，開発は河川分流あるいは支流ごとに独立的，分散的にならざるを得なかった。

第Ⅱ期は弥生時代末から6世紀末にかけて，河川分流もしくは支流から離れた空間の耕地化が促進された。弥生時代末頃に始まる自然河川相互を結ぶ人工流路の掘削，5世紀末頃に出現する自然河川を堰き止める堤防などをその技術的裏付けとするが，それでもなお大河川は統御できず，したがって灌漑体系は大河川相互に挟まれた地域内部で自己完結した。

7世紀初頭以降の第Ⅲ期を特徴づけるのは長大な人工流路の建設による計画的大開発と溜池灌漑の普及であるが，河川灌漑と溜池灌漑の統一による壮大な規模の開発は古代における大きな画期といえる。開発地の選定に始まり，基幹用水路の建設，それを可能にする技術者の掌握，労働の編成，労働用具の集中的所有，また完成された基幹用水路の維持，管理などには「国家」が直接的に関与したと思われ，こうした開発を「国家」主導型開発と呼ぶ。いっぽう在地首長主導型開発も併行してみられ，両者によって沖積平野と洪積段丘とが相互に関連をもって開発され，＜加功＞をテコとして「国家」的土地所有が広汎に成立していった。なお開発対象には未開の原野と部分的開発の進んだ地域とがあるが，後者の場合，計画的大開発の施行によって血縁の原理を基軸とする伝統的集団関係が変容を蒙むった。

（広瀬和雄）

笠野　毅

清明なる鏡と天

古墳文化の新視角
p.237～p.308

中国古代の鏡銘の「清明」に着目し，当代の天に対する考えと考え方にもとづいて，鏡の避邪招福の論理構造を解明しようとした。

中国古鏡は，その材質が清明であることを要求された。鏡胎の清純なることが，鏡面の照明のために必要であったからである。そのために，まず銅・錫・銀をはじめとする素材は純清なものが選ばれ，次にこれらはよく精錬され，さらに十分に調合されて，鏡が鋳造された。その結果，清明な鏡が得られ，これを服用すると，その身も清明になると考えられていた。

ところで，天は清明の気からなり，天地自然を代表し，規範法則の源泉とも考えられ，天神の精気または天の意志は天命ともいわれ，天命は「清明の道」とも呼ばれた。鏡と天，鏡の規範と天命は，清明という共通の性質をもち，清明なる鏡は，清明なる天気を受け，天の清明なる道を法象したものであった。つまり，鏡は天・天と呼ばれる原理または天に代表される自然の法則を象徴したものである。

他方，古代中国には，天と人との間に密接な相関関係を認めるいわゆる天人相感の考え方があって，天に象徴される自然の現象や法則は，人事のそれらと同一の地平のうえにおかれ，互いに感応しあうものとされた。したがって，天を法象する鏡を服用することは，その内包する天命を受け，天命に順うことである。そして，清明とは，規範法則のあり方やはたらきすなわち徳が発揮される状態をいうのであるから，清明なる鏡によって，服鏡者は清明となって十分な徳が施されるのである。こうして，富貴長生を中心とする辟邪招吉の世俗的・個人的な願望が実現されることとなる。

（笠野　毅）

文献解題

岡本桂典編

◆古文化論叢―藤澤一夫先生古稀記念　古代を考える会藤澤一夫先生古稀記念論集刊行会刊　1983年7月　B5判　831頁

風土と文化……景山春樹

北九州の竪穴住居跡構造試論―弥生時代を中心に―……栗山伸司

終末期石器の性格とその社会……蜂屋晴美

金印奴国説への反論……久米雅雄

広開土王碑の問題点…白崎昭一郎

四世紀の百済土器―法泉里二号墳を中心に―……小田富士雄

倭の五王の在位年代と名……原島礼二

葛城氏とヤマト政権と天皇……直木孝次郎

国造について……山尾幸久

日本出土の垂飾付耳飾について……野上丈助

三累環刀試論―伝・常陸岩井出土の竜紋三累環把頭を中心にして……穴沢咊光・馬目順一

扶餘定林寺址発掘……尹武炳

雁鴨池雑記……金廷鶴

河内における大型群集墳論展望……堀江門也

播磨諸ミヤケの地理的実体……吉本昌弘

古代の「住吉津」について……日下雅義

陸田制再論……亀田隆之

「大臣」制と七世紀前半の貴族政治―律令官制成立の前提―……本位田菊士

流沙と漆胡瓶・漆胡樽……井上薫

奈良時代の政権と寺院造営……森郁夫

讃岐国古代寺院跡の研究……藤井直正

古代の隅木蓋瓦……稲垣晋也

蓮華文棟端飾瓦の諸相…井内潔

明石発見の鴟尾新資料…春成秀爾

上代墓誌に関する一考察……遠藤順昭

大阪府枚方市葛上廃寺新発見古瓦資料によせて……瀬川芳則

河内竜華寺と渋川寺……山本昭

石上寺・良因寺の成立と展開……近江昌司

畿内における中世土器の生産と流通……菅原正明

古代末～中世における窯業生産の一形態―堺市美木多瓦窯跡群を中心として―……中村浩

南河内の瓦器椀……尾上実

山嶽寺院における勝示建立……辻尾榮一

十三仏石仏考……嶋田曉

北摂能勢町に於ける石造六地蔵資料……福澤邦夫

奇遇ばかり……浅田芳朗

JORI ET CENTURIATION : PROBLEMES DE L'ANCIEN SYSTEME AGRAIRE AU JAPON ET EN EUROPE……TANIOKA TAKEO

◆日本製鉄史論集　たたら研究会刊　1983年12月　A5判　769頁

ふたたび初期鉄製品をめぐる二，三の問題……橋口達也

弥生時代の鉄刃農耕具…川越哲志

古墳出土鉄滓からみた古代製鉄……大澤正己

古代製鉄炉炉形論考……芹澤正雄

鉄鋌（枚鉄）ふたたび……村上英之助

近江製鉄史試論―記紀からみた和邇・鉄・王権―……丸山竜平

古備前刀の伝承と歴史的背景……岡本明郎

近世たたら製鉄址調査研究をめぐって……河瀬正利

鉄山師による土地集積の法的過程……熊谷開作

松江藩の鉄山政策と製鉄技術……土井作治

土佐藩における近世製鉄技術の確立―高知県吾川郡春野町における藩営製鉄―……横川清志

釜石鉄鉱山地域の延鉄（錬鉄）製造法……岡田広吉

"古代たたらを想定した"小たたら炉の実操業……加藤誠・天野武弘

古代製鉄の還元・加工技術について―餅鉄製錬実験結果からの考察―……新沼鐵夫

化学成分・鉱物組織面から見た日本と外国の古代鉄滓…窪田蔵郎

古代における炒鋼法とその製品…佐々木稔・村田朋美・伊藤叡

朝鮮の初期冶鉄研究とその成果―日韓冶鉄技術研究の基礎的作業として…小田富士雄・武末純一

たたら研究会二十五年のあゆみ……潮見浩

◆遠藤元男先生頌寿記念　日本古代史論苑　遠藤元男先生頌寿記念会編　図書刊行会刊　1983年12月　A5判　728頁

辛亥銘鉄剣を出土した稲荷山古墳の年代について……大塚初重

古代山城試論……出宮徳尚

振文鏡とその性格……小林三郎

◆佐久間重男教授退休記念中国史・陶磁史論集　佐久間重男教授退休記念中国史・陶磁史論集刊行会編　燎原書店刊　1983年3月　A5判　631頁

染付起源考……佐々木達夫

明代広東地方の陶磁生産と陶磁市場について……金沢陽

マニラ・ガレオン貿易と中国陶磁……関俊彦

乾隆御窯の衰退する原因について……蔡和璧

井戸と粉引とその窯址について……香本不苦治

鎌倉出土の輸入陶磁器…手塚直樹

伊万里磁器創成期における唐津焼との関連について……大橋康二

「皿山代官日記覚書」と有田の古窯址……関口広次

高句麗の寺院址に関する若干の考察……田村晃一

◆奥尻島松江遺跡　奥尻町教育委員会刊　B5判　141頁

北海道渡島半島の西方にある，奥尻島の東端部の青苗湾に面する海成段丘上に位置する。縄文時代早期から前期の住居跡4軒と後期の遺物が多数検出されている。

◆史跡根城跡発掘調査報告書Ⅵ—八戸市埋蔵文化財調査報告書第12集　八戸市教育委員会刊　1983年12月　B5判　166頁

青森県八戸市に位置する根城跡の本丸跡・岡前館の昭和57年度調査報告である。本丸跡では掘立柱建物跡29棟，竪穴遺構6基，井戸2基などが検出され，岡前館では掘立柱建物跡4棟，井戸2基などである。出土品は青磁・白磁が主体をなし，13〜17世紀の陶磁器が出土している。また掘立柱遺構は中世住宅史研究上貴重な資料を提供している。

◆茂庭　仙台市文化財調査報告書第45集　仙台市教育委員会刊　1983年3月　B5判　544頁

宮城県東部の仙台市西北，蕃山丘陵の中央部標高120〜250mに位置する遺跡群。梨野A，沼原A・B・C，嶺山A・B・C遺跡の調査で，縄文早・中・晩期の住居跡2軒，土壙28基，古墳時代の土坑，平安時代の住居跡1軒，製鉄遺構，時期不明の土坑が検出され，遺物は縄文時代全期を通して出土している。

◆道平遺跡の研究—福島県道平における縄文時代後・晩期埋設土器群の調査　大熊町文化財調査報告Ⅲ　大熊町教育委員会刊　1983年11月　B5判　353頁

福島県の東端，双葉郡の中央大熊町を流れる熊川の支川，大川原川の北の河岸段丘上に立地する遺跡である。検出された遺構は住居跡1軒，埋設土器遺構37基で，遺物は後期初頭の綱取Ⅰ式から晩期最終末までの土器・土偶など土製品49点，石鏃89点，石棒9点，石錐などである。埋設土器10基からシカ・イノシシの焼骨が検出されており，縄文時代の習俗研究に問題を提起している。

◆宇津木台遺跡群Ⅱ—1981年度発掘調査報告書（1）　八王子市宇津木台地区遺跡調査会刊　1983年3月　B5判　138頁

東京都八王子市の北方，加住北丘陵の東端に位置する遺跡群で，1981年に行なわれたK・N地区の調査報告である。K地区では縄文時代早期の土坑，前期後半の住居跡各1軒，6世紀末〜7世紀初頭と推定される古墳と横穴式石室に重複する平安時代の火葬墓1基が検出されている。N地区は縄文時代早期の住居跡1軒，土坑6基，前期の土坑8基が検出され，土坑1基より諸磯式の逆位の大形深鉢土器が出土しており，墓壙と考えられる。

◆宇津木台遺跡群Ⅲ—1981年度発掘調査報告書（2）　八王子市宇津木台地区遺跡調査会刊　1983年3月　B5判　452頁

1981年度に行なわれた約15,000m²にわたるE地区の調査報告である。縄文時代早期を主体に住居跡3軒，炉穴83基，土坑57基，焼土跡15基，集石土坑3基が検出されている。他に蔵骨器・釘など墳墓と想定される遺構・社跡，馬頭観音下より寛永通宝が出土している。

◆埴谷周路遺跡発掘調査報告　山武考古学研究所刊　1983年12月　B5判　75頁

千葉県山武町の下総台地に立地する遺跡。土壙，地下式土坑，掘立柱建物跡13棟などが検出され，陶磁器・土器・板碑・石臼が出土。

◆マムシ谷窯址発掘調査報告書—同志社大学田辺校地内所在遺跡の発掘調査報告Ⅱ—　同志社大学校地学術調査委員会刊　1983年3月　B5判　155頁

京都府の南西部を流れる木津川西岸，男山丘陵に点在する田辺窯跡群のうちマムシ谷窯跡・新宗谷窯跡の調査報告である。前者は半地下式登窯の構造をもち8世紀前葉，後者は窯体が破壊され，灰原のみの検出であるが，操業は7世紀後葉とされる。「京都府下須恵器窯」地名表を載せる。

◆特別史跡　名護屋城跡並びに陣跡2　佐賀県教育委員会刊　1983年3月　114頁

佐賀県東松浦半島の北西部に位置し，文禄・慶長の役の時に築城された名護屋城と多くの陣跡として知られる遺跡。羽柴秀保陣跡に比定される遺跡の発掘調査報告及び保存整備報告。主郭より5棟の礎石建物跡，石塁，門跡，西腰輪が検出され，遺物は陶磁器・土師器が出土しており，線刻画も発見されている。戦乱期の武家屋敷を考える上で，建築史上，移行期の資料を提供している。

◆立山山古墳群　八女市文化財調査報告書第10集　八女市教育委員会刊　1983年5月　B5判　258頁

福岡県南部の八女市に位置し，八女丘陵東端の段丘上に立地する古墳群の調査報告である。調査された27基の古墳は箱式石棺・組合せ木棺・竪穴式石室・竪穴系横口式石室・横穴式石室の主体部をもち，他に箱式石棺墓5基，石蓋土壙墓4基，木棺墓1基を検出している。5世紀初頭から6世紀代の築造とされる。

◆群馬考古通信　第8号　群馬県考古学談話会　1983年12月　B5判　32頁

神谷遺跡の爪形紋土器と周辺遺跡
　………坂爪久純・中束耕志
溜井上遺跡発見の土器について
　…………横山　巧
高崎市井野町吉岡遺跡採集の資料
　…………若狭　徹

◆法政史論　第10号　法政大学大学院日本史学　1983年3月　A5判　54頁

「久ケ原式・弥生町式」に関する覚書…………泉谷憲俊
東北地方の円盤状土製品について
　…………藤村千与子

◆MUSEUM　第391号　東京国立博物館　1983年10月　B5判　38頁

石人石馬の資料…………安藤孝一

◆MUSEUM　第392号　1983年11月　B5判　38頁

仏像を表現する金剛鈴の展開
　…………岡崎譲治
総持寺・蔵王権現鏡像の周辺―鏡像から御正躰へ……田辺三郎助

◆MUSEUM　第393号　1983年12月　B5判　38頁

懸仏とその銘文をめぐって
　…………難波田徹

◆歴史考古学　第12号　歴史考古学研究会　1983年10月　B5判　80頁
偈頌（其の七）川勝政太郎先生講義………望月友善・坂田二三夫
横浜市杉田東漸寺の詩板と梁牌………坪井良平
天下一を称する鋳物師…天岸正男
三重県加太の半鐘について………大鳥居総夫
東京の宝篋印塔………斎木　勝
埼玉県の重制石幢について（その二）………坂田磨耶子
徳島県の在銘一石五輪塔………森本嘉訓
肥後の雲版二例………前川清一
建長の板碑巡歴（5）………坂田二三夫
石造宝塔の研究（七）……望月友善

◆横須賀市博物館研究報告（人文科学）　第27号　横須賀市人文博物館　1983年12月　B5判　64頁
横須賀市平坂東貝塚の概要………剣持輝久・野内秀明
横須賀市長井町内原遺跡における竪穴住居址の変遷……大塚真弘

◆北奥古代文化　第14号　北奥古代文化研究会　1983年11月　B5判　82頁
宮城県内の北海道系遺物………佐藤信行
宮城県における黒曜石製小形円形削具と共伴して北大式土器を出土する遺跡について…興野義一
北大式土器………田才雅彦
青森県内に於ける平安期集落の研究―土師式坏を指標として―………平山久夫
海嶋蝦夷及渡嶋文化圏…平山久夫

◆史館　第15号　市川ジャーナル社　1983年10月　A5判　158頁
下総国香取郡滑河町字栗山発見の石器をめぐって………小田静夫
谷奥貝塚の意味するもの………堀越正行
縄文時代晩期に出現した撚糸文土器について………西山太郎
南関東弥生時代中期後半にみる土器紋様分類の覚書……柿沼修平
弥生時代におけるムラとその基本的経営………大村　直
斜格子状暗文を有する土師器坏について………佐久間豊
下総国分二寺軒瓦小考（2）　一軒丸瓦瓦当と丸瓦の接合位置関係―………佐々木和博
多摩ニュータウン遺跡群の最近の成果と今後の課題……石井則孝
奈良・平安時代の土器生産について………服部敬史

◆古代　第75・76合併号　早稲田大学考古学会　1983年12月　A5判　140頁
早稲田20代人論集（1）
鈴杏葉考………永沼律朗
小規模古墳の一類型について―ブリッジ付円墳の検討―………白井久美子
古墳時代前期の丘陵地域小集落について………比田井克仁
歴史時代墳墓の成立と展開（1）　一特に相模・南武蔵の火葬墓の様相を中心として―………長谷川厚
南関東における弥生～古墳時代土器研究史―その変遷と問題点………西川修一

◆考古学雑誌　第69巻第1号　日本考古学会　1983年10月　B5判　112頁
日本の古代都城制度の源流について………王　仲殊
　　菅谷文則・中村潤子　訳
土器出現期前後の中国南方地区―研究動向の紹介を中心として―………佐川正敏
加曾利E式土器の研究史考察―特にⅢ・Ⅳ式土器を中心として―………橋口尚武
熊本県山鹿市　大道小学校出土の弥生式土器………隈　昭志
東京都北区の埋もれた考古資料………小川貴司・谷川章雄ほか

◆考古学雑誌　第69巻第2号　1983年12月　B5判　152頁
中期畿内政権論―古墳時代政治史研究―………川西宏幸
三角縁神獣鏡製作の契機について………近藤喬一
平瓦桶巻作りにおける一考察―粘土円筒分割のための指標の種類について………滝本正志
朝鮮の異形有文青銅器の製作技術………岡内三真

◆史艸　第24号　日本女子大学史学研究会　1983年11月　A5判　134頁
輪鐙に関する一考察―日本・朝鮮出土の鉄製輪鐙を中心として―………佐藤敬美

◆貿易陶磁研究　第3号　日本貿易陶磁研究会　1983年11月　B5判　161頁
元染付研究の歩み………三上次男
元青花特異紋飾和将作院所属浮梁磁局与画局………劉　新園
　　岡　佳子・田中美佐　訳
今帰仁城跡出土の元様式青花と共伴の陶磁器………金武正紀
　　松田朝雄・宮里末廣
勝連城跡出土の元青花………亀井明徳・知念　勇
浜の館跡と出土の元青花………桑原憲彰
博多上呉服町出土の釉裏紅と元青花………塩屋勝利・池崎譲二
根来寺第Ⅲ地区出土の元染付とその他の中国陶磁………上田秀夫
京都出土の元末明初の青花と釉裏紅………永田信一
長野県小曽崖城跡出土の元青花………檀原長則・小林秀夫
一乗谷及び豊原寺出土の元様式の染付………小野正敏
The Ceramics Found in Tuban, East Java
　…Abu Ridho. Wayono. M
大内館跡出土の中国陶磁………長谷川道隆
An Investigation into the Origin, Provenance and Nature of Tianqi Porcelain………Oliver Impey. Mary Tregear
Provenance and Technical Studies of Far Eastern Ceramics………Nigel Wood
Description of Method and Discussion of Reselts………Mark Pollard

◆考古学と自然科学　第16号　日本文化財科学会　1983年　B5

判 142頁
加速器を用いた高感度質量分析法による ¹⁴C 年代測定の最近の進歩………中村俊夫・中井信之
年輪年代法…野田真人・東村武信・東村隆子
島根県玉湯町出土の結晶片岩製内磨砥石の原石供給地に関する考察………渡辺暉夫・勝部 衞
石器原材の産地分析………薬科哲男・東村武信
日本古代遺跡における朝鮮産陶質土器の検出（第1報）………三辻利一・平賀章三ほか
紅色天然染料による染色絹布の退色前後における発光および励起スペクトル挙動………那須佳子・中沢文子・柏木希介
古代黄土染めの復元……金子 晋
遺跡出土の動物遺体の基礎的研究（1）………安部みき子
◆専修考古学 第1号 専修大学考古学会 1983年12月 Ｂ5判 75頁
神奈川県出土の鋳帯について………後藤喜八郎
相模川流域の高坏形土器………柳谷 博
宇都宮市塚山古墳群出土の埴輪について………石川 均
◆人類学博物館紀要 第5号 南山大学人類学博物館 1983年12月 Ｂ5判 57頁
正家積石塚群…同大人類学博物館
◆北陸史学 第32号 北陸史学会 1983年11月 Ａ5判 100頁
河田山一号墳第一次発掘調査報告………金沢大学考古学研究会
◆信濃 第35巻第10号 信濃史学会 1983年9月 Ａ5判 72頁
信濃川流域における先土器時代遺物包含層と示標テフラ層との層位関係……早津賢二・新井房夫・小島正己・望月静雄
◆信濃 第35巻第11号 1983年11月 Ａ5判 62頁
有明古墳群の再調査……岩崎卓也・松尾昌彦・松村公仁
◆信濃 第35巻第12号 1983年12月 Ａ5判 58頁
古代日本の舟葬について（上）………磯部武男

◆古代文化 第35巻第10号 1983年10月 Ｂ5判 48頁
ヴェルイーナ墳墓の発掘とその出土品について………木戸雅子
中国考古の旅（3）―三門峡―………西村俊範
再びエガース 著『考古学研究入門』について………角田文衞
◆古代文化 第35巻第11号 1983年11月 Ｂ5判 48頁
A Chinese Bronze Mirror in possession of the National Museum of Denmark（2）………Joan Hornby
白磁四耳壺について………平出紀男
◆古代文化 第35巻第12号 1983年12月 Ｂ5判 48頁
日本先土器時代における敲石類の研究（上）―植物食利用に関する一試論………黒坪一樹
宇部台地における旧石器時代遺跡（1）―遺跡群の概要―………山口県旧石器文化研究会
◆古代学研究 第101号 古代学研究会 1983年12月 Ｂ5判 50頁
山東省先史文化の一 ―大汶口文化―………蔡 鳳書
広帯二山式冠について…中村潤子
組合式家形石棺と石工集団―二上山系石材を例として―………奥田 尚
兵庫県飾磨郡夢前町出土の磨製石剣………山本三郎
百舌鳥76号墳出土資料について………田中晋作
韓国の前方後円墳問題に関連して―考古学と批判文のあり方―………森 浩一
◆古代を考える 第35号 古代を考える会 1983年12月 Ｂ5判 87頁
旧大和川流域の集落遺跡 Ⅱ
河内平野の地形と沖積層………原 秀禎
生駒西麓地域の遺跡について………下村晴文
河内平野開発の2つの画期………中西靖人
◆旧石器考古学 第27号 旧石器文化談話会 1983年11月 Ｂ5判 100頁

筑後平野北部の国府型ナイフ型石器………松藤和人
大阪府泉南市海営宮池採集の木葉形尖頭器………松藤和人
佐賀県老松山遺跡の旧石器………富永直樹
徳島県土成町椎ヶ丸遺跡の旧石器………高橋正則
冠遺跡出土の石器群について………佐藤良二
郡家今城C地点の翼状剥片………森本 晋
大阪府交野市・星田布懸遺跡出土の石器………久保弘幸
二上山西麓・地獄谷遺跡における新資料………有本雅己
◆考古学研究 第30巻第2号 考古学研究会 1983年10月 Ａ5判 132頁
古代の開発………広瀬和雄
古代の鉄生産………光永真一
「低湿性遺跡」および関連する用語の定義について………那須孝悌・市原壽文
陵墓参考地について……今井 堯
地下式古墳の源流……石川恒太郎
◆考古学研究 第30巻第3号 1983年12月 Ａ5判 130頁
装飾付大刀と古墳時代後期の兵制………新納 泉
弥生時代における鉄鏃の変遷とその評価………大村 直
氏族制度・氏族共同体の研究………守 茂和
イングランド新石器文化………アラン・サヴィル・乗岡 実・秋山浩三 訳
イタリアにおける文化財保護………ジュセッピーナ・チェルッリ・イレッリ・内田俊秀・武谷なおみ 訳
◆ソーシアル・リサーチ 第11号 ソーシアル・リサーチ研究会 1983年12月 Ｂ5判 78頁
縄文時代中期における土器廃棄について―特に「吹上パターン」について―………佐伯弘晃
◆南日本文化 第16号 南日本文化研究所 1983年12月 Ｂ5判 352頁
沖永良部島の考古学的調査………上村俊雄

学界動向

「季刊 考古学」編集部編

──────沖縄・九州地方

今帰仁城の正殿跡発見 沖縄県今帰仁村教育委員会は沖縄県教育委員会の協力をえて今帰仁城跡の第5次調査を進めていたが、築城時の14世紀初頭の正殿跡が発見された。正殿跡は本丸北側に位置し、東西13.8m、南北10.3m、高さ90cmの石積み基壇がある。この基壇南面に西3.2m、東6.5mの翼廊が延び、正殿は鳳凰堂のような翼廊の付いた建物であったとみられる。また基礎造成として3～5cmの厚さで土を張り、打ち固めてまた土を重ねる版築法を採用していることもわかった。遺物としては元代の青磁碗6点、口折れ蓮弁文皿1点が同一ピット内からまとまって出土したほか、元青花、明染付、褐釉陶器、高麗青磁、スワンコロークの合子、ベトナム染付壺、備前擂鉢なども出土、13世紀後半～16世紀の交易を知る貴重な資料がえられた。

寺島で古墳発掘 熊本県宇土郡三角町教育委員会と熊本大学考古学研究室は三角町戸馳島西約500m沖の寺島で古墳の発掘を行ない、4世紀と推定される石棺から人骨4体分を発見した。寺島は周囲約700mの無人島で、古墳4基が確認されていたが、墳丘は全く残っていない。今回島の西側斜面で箱式石棺が新しくみつかったもので、粘板岩製の石棺は長辺190cm、幅55cmで9枚ほどの石が組まれている。人骨は鑑定にあたった永井昌文九大教授によると、下から10歳ぐらいの小児、5歳くらいの小児、30～40歳の男、50歳以上の女が順に埋葬され、身長は男155cm、女149cmと当時としては平均的だった。男のみが頭部を南向きにして葬られていた。副葬品には鉄製刀子2本と土師壺がある。

地蔵板碑3基発見 佐賀県杵島郡大町町と白石町で県内でも最古に属する地蔵板碑が相次いで発見された。発見されたのは大町町福母、福母神社下宮（高さ1.06m）、白石町宮の下、法泉寺墓地（高さ80cm）、同寺本堂脇（高さ87cm）の3ヵ所で、いずれも安山岩に陽刻されている。これまで白石町でみつかった2基と合わせ、5基とも地獄道救済を表わした地蔵菩薩板碑で、坐像の図柄・形態が全く同じであることから、同じ原画をもとに同じ石工が刻んだことは間違いない。大町町の板碑は応安6年（1373）の作とわかったことから、他の4基ともほぼ同じ年代とみられている。地蔵板碑は14世紀代に盛んになり、その後約200年を経て六地蔵塔につながっていったと考えられる。

弥生後期の井堰遺構 板付遺跡の北西約500mにある福岡市博多区那珂4丁目の那珂久平遺跡で福岡市教育委員会による発掘調査が行なわれ、弥生時代後期の幅40mに及ぶ農業灌漑用の井堰遺構と、弥生時代から奈良時代までの水田跡が発見された。発掘の結果、地表下60cmから現代の水田跡が出土、さらにその下30cmから弥生時代後期～古墳時代前期の水田跡がみつかった。水田は30～50m²のものが約30面あり、畔道で仕切られている。井堰は水田の北側の河川跡で発見された。数千本の杭を使って幾重にも重なっている。また井堰には広鍬、狭鍬、えぶり、木槌など木製農耕具20点余と槽などもひかかっていた。さらに井堰の杭を固定させる横木にはほぞ穴のある家屋の廃材も使用されていた。

大量の梵鐘鋳型 太宰府市鉾ノ浦遺跡は大宰府政庁の東方約1kmにあり、昭和59年1月から太宰府市教育委員会が調査を行なった結果、14世紀前半頃と推定される梵鐘鋳造土壙17（一辺1.5～3mの方形竪穴）、炉跡11、建物、工作用竪穴などが検出された。梵鐘鋳造遺構は本州中部地域で13遺跡知られるが、九州では最初の発見となった。鉾ノ浦遺跡は生産遺構の立地、配列や、5,000片以上の豊富な鋳型などから、中世の鋳造技術、経済史の重要なポイントを提供するものとして注目されている。

早良平野から前漢鏡など出土 福岡市教育委員会は市内西区吉武の樋渡（ひわたし）遺跡を調査していたが、これまでに前漢鏡や鉄剣、銅剣などを副葬した弥生時代中期後半のカメ棺墓群を発見した。カメ棺は全部で150基あり、このうち5基と木棺墓から副葬品が出土した。副葬品をもったカメ棺墓はいずれも土盛りされた小丘に埋葬され、副葬品をもたないカメ棺とは区別されていた。遺物は径8.3cmの前漢鏡や細形銅剣（長さ34cm）、鉄剣（36.5cm）、素環頭大刀（34cm）など10点で、とくに前漢鏡は中心部分は星雲鏡の一部ととれるが、外側の文様は重圏文鏡の特色をもつ新しい型式のもの。文字は「見日之光　久不相見　長母相忘」と読める。伊都国（糸島平野）と奴国（福岡平野）の中間に位置する早良平野はこれまで古代文化の空白地といわれていたが、カメ棺群のすぐ近くに位置する前方後円墳（5世紀初め）とも合わせ、かなりの勢力をもった権力者の存在をうかがわせる。

──────中国地方

鳥杆が出土 山口大学埋蔵文化財資料館が同大学人文学部考古学研究室の協力をえて発掘調査を進めていた山口市白石3丁目の山口大学附属山口小学校運動場で、古墳時代前期～中期の溝状遺構から霊鳥信仰のシンボルとされる鳥杆が発見された。これまで鳥形木製品は西日本各地で十数例出土して

学界動向

いるが，杵とセットで見つかったのは本例が初めてである。長さ20cmの鳥形木製品が，現存長約1mの杵に装着された状況で検出されたもので，装着方法は杵の上部に穴をあけて鳥形の尾の部分を通し固定させており，池上遺跡例などで考えられるような鳥形の胴部下に杵を突き刺す形とは異なるものである。この他，同遺構からは土師器，砥石，農具や板材などの木器類も出土した。さらに同敷地内から古墳時代前半期の竈を有する竪穴住居跡も見つかっている。

縄文の貯蔵用ピット48基　縄文時代前期から弥生時代中期にかけての遺跡がみつかっている米子市目久美町の目久美遺跡で，発掘調査が一応終了，縄文時代前期～中期の食料貯蔵用とみられるピット48基が発見された。貯蔵用ピットは直径約1m，深さ1m～30cmの大きさで，中からドングリの実が発見されたが，これだけ多数のピットは山陰でも例がない。また，縄文土器，石器，骨角器，獣魚骨など多数発見されている。さらに弥生時代の層からは，これまでに村跡と水田跡が発見され，土器，石器，木製農工具など多数発見されていたが，新たに旧河川跡がみつかり，河跡から弥生時代前期の土笛が発見された。長さ8cm，直径6cmで，6個の小孔があいており，陶塤とよばれているもの。

終末期の山際2号墳　倉吉市教育委員会が発掘を進めている倉吉市下大江の山際2号墳は7世紀中ごろの終末期の古墳であることがわかった。同墳は直径10mの円墳で，無袖式の横穴式石室を伴っている。全長4.2m，長さ1.8mの正方形に近い玄室と，長さ2.4m，幅1.35mの羨道からなっている。遺物は玄室内より銅製耳環1点，羨道部より蓋坏31点など計42点の須恵器が出土したが，

これらの須恵器はすべて7世紀中ごろに比定される。蓋坏の蓋には乳首形のつまみのついたもの（4点）もあった。径7.3～8.5cmで，宝珠形のつまみが一般的なのになぜこうした形になったか興味深い。鳥取県内では今まで7世紀初めまでの古墳しか確認されていないが，山際2号墳はさらに半世紀新しい古墳であることがわかった。

弥生時代の卜骨3点　河川改修工事に伴って岡山県教育委員会が発掘調査を行なっている岡山市加茂の足守川加茂B遺跡で弥生時代の卜骨が発見された。同遺跡は弥生時代中期後半から古墳時代前半にかけての遺跡で，楯築遺跡の約1km北方。卜骨は弥生時代後期中ごろの貝塚から2点と近接する土壙から1点出土したもので，シジミやハイガイ，シカの下顎骨，上東式土器片などとともにみつかった。いずれもシカの肩胛骨で，大きいもので長さ14cm，幅8cm。骨の表裏に楕円形の灼痕が7～8ヵ所つけられていた。これまで瀬戸内での発見はなかっただけに注目される。

─────────── 近畿地方

弥生の墳墓から玉杖出土　大阪市教育委員会と大阪市文化財協会は大阪市平野区加美東6丁目にある加美遺跡を調査していたが，弥生時代の方形周溝墓から王権のシンボルとされる玉杖の一部を発見した。現場は八尾市の久宝寺遺跡と一体とみられる弥生時代から古墳時代の複合遺跡のほぼ中央にあたっており，一辺5～12mの方形周溝墓10基がみつかった。玉杖はこのうちの1つから出土したもので，筒形の鍭とよばれる部分（凝灰岩製）。玉杖は茶臼山古墳など大型の前方後円墳からは出土例があるが弥生時代の方形周溝墓からの出土は初めて。別の周溝墓か

らは中央の南北方向の木棺（長さ2.5m）から北端に10歳前後の子供の歯，南端に成人の歯が8個ずつみつかった。男女の別は不明だが，互いに頭の方向を逆にして埋葬されており，後漢末の蝙蝠座鈕内行花文鏡の一部と碧玉製管玉が割られた状態で副葬されていた。なお，調査はその後もひきつづき行なわれている。

南北朝の木棺墓　東大阪市西石切町3の西ノ辻遺跡から男女1体ずつを納めた南北朝時代の木棺墓が出土した。東大阪市文化財協会が発掘したもので，人骨は東西に1mほどへだてた2基の土壙の中で，ともに膝を折り曲げ，仰向けの姿勢で発見された。男性は身長159～160cmで年齢は40歳代。女性は150cm以下で同じく40歳代。副葬品は男女とも土師器の皿が多かったが，とくに女性の右肩あたりには中国製青磁碗が供えてあったことから，当時の有力な農民夫婦と推定される。またこの木棺墓のすぐそばに幅3m，深さ2mの溝があり，獣骨がかたまってみつかった。鎌倉時代初期のもので，ウマ3頭，ウシ1頭，イヌ2匹分が確認され，埋められた形跡から犠牲獣の可能性がある。

須恵器円筒棺が出土　堺市辻之の私立高校テニスコート造成地の一角で，堺市教育委員会が試掘調査した結果，直径約10mの円墳1基が発見され，周囲と天井を丸太で骨組みし，一部外側から粘土を巻きつけたと考えられる横穴式木芯粘土室（長さ2.8m，幅1.5m）の中より円筒棺（追葬）がみつかった。棺は長さ1.1m，上部は直径21cmの正円形，下部はやや大きな正円形で，上から20cmのところに鉢巻き状の突帯が1本めぐっている。7世紀前半のものと推定されているが，6世紀になって生産されなくなった埴輪円筒棺に全体の形はそっくり。現場一

帯は陶器千塚古墳群に含まれており，薄葬の傾向が強くなってきた時期での出土だけに注目されている。

古墳中期の小鍛冶炉跡　柏原市大県4の大県遺跡で公共下水道管埋設工事に伴う事前調査が行なわれ，古墳時代中期の小鍛冶炉跡とみられる遺構が発見された。炉は70×80cm，深さ25cmの半地下式で，比較的保存状態がよい。焚口があったと思われる南面の内壁だけは約45°傾斜していた。地上部の炉壁は遺存していなかったが，炉跡の上部には炭層が30〜40cmほど堆積していたほか，鉄滓約100kg，土製の鞴羽口，砥石，須恵器，土師器の破片が大量に出土，また鞴の補助用具とみられるへら状の木製品（全長18.7cm，幅4〜1.3cm）も1枚みつかった。同遺跡一帯から炭や鉄滓層が広く発掘されたほか，近くの山などから原料の砂鉄が採取されるところから，一帯に鉄器を生産する大規模な集団があったとみられている。

切り石積の終末期古墳　奈良県高市郡高取町佐田の真弓丘陵の一角，春日神社境内にある束明神古墳で，県立橿原考古学研究所による発掘調査が行なわれ，精巧な石榔が築かれた終末期古墳であることがわかった。古墳を築くため尾根の南斜面を長さ60m，高さ10mにわたって削平して平坦地を造成している。墳丘は版築工法で造られ，内部に表面をきれいに磨いた凝灰岩（縦20数cm，横50cm前後）の切石を多数積み重ねた横口式石榔が検出され，内法は長さ3.12m，幅2.06m，推定高さ2.5m余もあった。遺物は被葬者の歯6本，漆塗り木棺片，円形の棺飾り金具1点，鉄釘50本，須恵器などで，床の切り石にはかなりの量の漆喰が残っていた。7世紀末ごろに築かれたものと推定される。規模の大きさや，歯からみた年齢，墓の位置などから考えて，689年に亡くなった草壁皇子の墓である可能性が強い。

唐古から弥生期の木枠井戸　奈良県磯城郡田原本町の唐古・鍵遺跡で造成工事に伴う田原本町教育委員会の発掘調査が行なわれ，弥生時代の井戸跡や住居跡とみられる柱根の一部が発見された。発掘現場は唐古池西の国道24号線沿いで，堀に囲まれた中世の館の下から弥生時代の住居跡とみられる柱穴群や井戸，土壙などが発見された。井戸は直径約2mで，素掘り井戸の水面にあたる部分に幅20cmほどの木枠がそのまま残っていた。出土した土器からみて弥生時代後期の井戸とみられているが，同時代のものとしては珍しい。また柱根の残された柱は直径約10cmで，弥生時代前期とみられる溝を埋めもどして整地したあとに柱が立てられていた。なお，田原本町鍵の旧家から元文3年（1738）作成の絵地図がみつかり，唐古池は江戸時代に村の普請で造られたことがわかった。つまり，古代遺跡のあることを知らずに池をつくり，水をためたため，多くの木器が完形のまま出土したと考えられる。

曽我遺跡から超ミニ鏡　大規模な玉造り遺跡として注目されている橿原市曽我町の曽我遺跡から古墳時代の超ミニ鏡3点が出土していたことが水洗い中に発見された。鏡は青銅製で，最小のものは直径1.2cm，次が1.4cm，最大のものでも直径2.6cmしかない。素文鏡だが鈕はしっかりしている。銅滓が数十点みつかったことからこの遺跡で鏡も生産していたらしい。またミニ鏡以外の銅製品が出土していないことからみて，同遺跡は石製の玉類，石製模造品とともにあらゆる祭器を作っていた可能性が強く，特異な遺跡だったことがうかがえる。

━━━━━━━━**中部地方**

益頭郡衙跡を確認　藤枝市教育委員会が本年1月から第2次調査を進めていた同市立花の郡遺跡で郡衙跡を示す「益厨」と書かれた墨書土器が発見された。付近に「郡」や「西益津」などの地名が残っていることから益頭（ましず）郡衙の遺跡とみられている。今回発見されたのは，弥生時代や古墳時代，奈良時代の溝14本と井戸跡2基，建物跡3棟，柱穴群，土師器・須恵器の土器類で，「益厨」と書かれた土器は11×5cmの大きさ。市内には国指定の志太郡衙跡（御子ヶ谷遺跡）があるが，郡遺跡の方が規模は大きいようである。

静岡平野の中心部から祭祀址　静岡市大谷の大谷川沿いにある神明原・元宮川遺跡から古墳時代後期〜奈良・平安時代の木製・土製の人形や馬形，卜骨などが多数発見された。調査は大谷川放水路建設工事に伴う第3次調査で，県の委託をうけた駿府博物館付属静岡埋蔵文化財調査研究所（斎藤忠所長）が調査を行なった。祭祀用具は旧大谷川河床部分の砂礫層から出土したもので，長さ285mm，幅26mmの古墳時代後期の木製人形や卜骨（肩胛骨），木製馬形，斎串，土馬，土牛，さらに奈良・平安時代の土製人形や須恵器・土師器・丸木弓・木製大刀などがあった。現場は静岡平野の中央部，最も低地にあたり，大谷川自体が古代祭祀の場であったとも考えられる。

縄文後期の敷石住居跡　岡谷市教育委員会が発掘調査を進めている市内長地中屋の目切遺跡から敷石住居跡や石器，獣骨などが出土した。地下30cmほどの層から奈良時代の須恵製硯が出土，その下から縄文時代後期の敷石住居跡（直径6m）が発見された。敷石

101

学界動向

床面からは磨製石斧 17 点，長さ 10 cm の石棒 1 点，獣骨片，石錘 12 点と，さらに石錘の未成品 5 点が土器に入ったまま出土した。

小和田遺跡は中世館跡　山梨県北巨摩郡長坂町教育委員会が昭和 58 年 10 月から発掘調査を行なっていた町内大八田の小和田遺跡で，遺跡中央を南北に走る長さ 130 m 以上の薬研堀と，この堀より東側に集中して遺構が検出された。平安時代の住居址 1 軒，同不明 2 軒，地下式壙 15 基，掘立柱建物址 1 軒，石組井戸 1 本，ピット多数などで，薬研堀，石組井戸などは中世末期 16 世紀に属するもの。遺物は少ないが第 3 号地下式壙から検出された一括遺物は特異なもので，天目茶碗，硯，古銭，石臼，水滴などがある。これらのことから天文元年（1532）に武田信虎に抵抗して決起した逸見の今井信元に関係した豪族の館跡とみられている。

花押入り木簡出土　白根市教育委員会が進めていた同市庄瀬の馬場屋敷遺跡など 5 か所の調査で，中世の木簡が 52 枚出土した。調査は馬場屋敷のほか馬場屋敷下層，若宮様，興野，馬場屋敷の塚の各遺跡で行なわれたが，木簡の中に正応 4 年（1291）から延慶 3 年（1310）までの年号が記され，しかも花押や焼き印まで入ったものが 6 点含まれていた。このほか厄よけ用の木札や珠州系陶器，一字一石経なども発見された。

───────── **関東地方**

「天平五年」の木簡出土　神奈川県立埋蔵文化財センターは県立綾瀬西高校建設に先立って発掘調査を進めていた綾瀬市早川の早川城址と目久尻川を挟んだ西側の低地に営まれた宮久保遺跡から木簡を発見したことを明らかにした。木簡は奈良時代の木枠組井戸の周囲に敷き詰められた敷石の下から出土したもので，長さ 25 cm，幅 2.2 cm，厚さ 0.7～0.9 cm の完形品である。形状は頭部を緩い山形状に削り，下端を両側から鋭く尖らせた付札木簡である。銘文は表に「鎌倉郷鎌倉里堅☑☐寸稲天平五年九月」，裏には「田令軽マ麻呂郡稲長軽マ真國」と記されている。これらの銘文から郷里制施行期間と天平 5 年（733）の年記が一致することや，田令・郡稲長という役職名の存在が明らかになった。また，鎌倉郡域を越えた高座郡の宮久保遺跡に運ばれた稲の性格や遺跡の内容とともに井戸址から出土した 700 点以上の土器片類の年代との関連でも注目されている。

割見塚古墳に 2 重の濠　富津市二間塚の割見塚古墳（方墳）で君津郡市文化財センターによる発掘調査が行なわれ，外周の一辺が 108 m もある 2 重の周濠が発見された。濠は一辺約 40 m の墳丘を取り巻く幅約 12 m の内濠と，さらに約 15 m の内堤を囲む幅約 7 m の外濠の 2 本で，深さはいずれも 70 cm。外濠の外周は一辺 108 m にも及び，濠の底部の数ヵ所には幅数十 cm のさらに深い掘り込みがあった。割見塚は 7 世紀ごろの築造とみられているが，全国の大型方墳でこれほど大規模な 2 重周濠が確認されたのは初めて。同墳は 20 年前の調査で，玄室のほか前室 2 と前庭部をもつ大和政権の強い影響をうけた複雑な横穴式石室を有することがわかっている。

江戸初期の生活用品出土　埼玉県北埼玉郡騎西町教育委員会は町内根古屋，外川地区で発掘調査を行なっているが，これまでに約 2,000 点の遺物が出土，縄文土器片も含まれるがほとんどは江戸時代初期から中期にかけての生活用品だった。現場は私市（きさい）城の武家屋敷にあたるところで，江戸初期の「武州騎西絵図」によると，私市城の東南部にはおよそ 100 人の家臣が居住していた。出土品のうち，木櫛は縦 10.5 cm，横 7.5 cm で，柄につるすためと思われる孔もある。また長さ 30 cm の田下駄，天目茶碗，すり鉢，土なべなどが多数出土した。さらに近世の遺物は火災にあって捨てられたらしい形跡のものもあり，そのほとんどは大溝の中から発見された。私市城は戦国時代からの城で，寛永 15 年（1638）廃城になっている。

酒巻古墳群に 6 世紀前半の円墳　埼玉県行田市教育委員会は同市酒巻の酒巻古墳群で緊急調査を行なっていたが，これまでの調査で 6 世紀前半とみられる円墳 1 基と埴輪列などを発見した。直径 10 m の円墳は粘土槨と河原石を使った全長 2.7 m，幅 1.5 m の小石室を備え，遺物として鹿角装刀子や人骨片のほか，周溝から方形の透し孔をもつ円筒埴輪や朝顔形，馬形の埴輪片が出土した。また円墳の近くから円筒埴輪十数本を逆 L 字形に配した埴輪列がみつかり，単独の墓前祭祀か他の古墳に伴うものとみられる。同古墳群は利根川と福川に隣接した氾濫地帯にあって，前方後円墳 2 基と円墳 7 基が発見されている。今回同古墳群の築造開始が 6 世紀前半にまでさかのぼったことで，埼玉古墳群との関連も考えられることになった。

廊下をもつ奈良期の住居跡　関越自動車道建設に伴い，（財）群馬県埋蔵文化財調査事業団が発掘調査を進めている前橋市青梨子町の下東西（しもとうざい）遺跡から，廊下で結ばれた奈良時代の竪穴住居跡 2 軒が発見された。住居跡は一方が方形（5×6 m），もう一方が L 字型で，両方にカマドが付設されているほか，方形の住居跡には張り出し部がある。2 軒とも同時代の建物で，2 軒を結ぶ廊下状の遺構は長さ 10 m，幅 1.5 m，深さ 40 cm。同遺跡では大型の掘

立柱建物群と竪穴住居跡が同居しているほか，須恵器の円面硯や灰釉平瓶の蓋も出土している。

奈良時代の神社跡　関越自動車道建設工事に伴って（財）群馬県埋蔵文化財調査事業団が発掘調査を進めている鳥羽遺跡（前橋市鳥羽町，元総社町，群馬郡群馬町）で奈良時代後期に建てられたとみられる二重の周堀をもつ掘立柱建物跡がみつかった。この遺構は30mの方形で，東側に出入口の土橋があり，周囲は幅5m，深さ1.8mの外堀で囲まれている。中央部の建物跡は3間×3間と2間×2間の柱穴が2重になって配置されており，幅1mの内堀の周りに柵列が認められたことや文献から神社跡である可能性が高い。神社は奈良時代後期から，平安時代初期にかけて存続したらしい。

──────────東北地方

漆をこす布が出土　秋田県南秋田郡五城目町にある縄文時代後期末葉〜晩期初頭の遺跡・中山遺跡で，58年度中に出土した布が漆をこすためのものであることがわかった。これは国立歴史民俗博物館に鑑定を依頼した結果確認されたもので，布は長さ13cm，直径1〜1.6cm。漆がたっぷりしみ込んでおり，ちょうど雑巾を両手で絞ったような形で棒状に固まっていた。現場は中山遺跡の西部に位置する湿地帯で地下1mの泥炭層。漆塗りの土器や弓，樹皮製品と一緒に出土した。編布（あんぎん）とよばれるもので，糸の太さは直径0.8mm前後，材質は不明だが横糸1本に対して縦糸2本を絡ませた細かい編み方。これまで漆をこす布としては多賀城跡（奈良時代）から見つかっており，絞り方までそっくりであるが，中山遺跡出土の布は，縄文時代のものとしては全国で4例目，漆をこす布としては最古のものである。

胆沢城の漆紙文書に「孝経」　水沢市佐倉河の国史跡・胆沢城跡から昨年夏の第43次調査で出土した漆紙文書の1点が儒教の教養書として用いられていた「孝経」の写本であることがわかった。同文書は8世紀後半に書写された「古文孝経」（孔安国伝）の写本で，胆沢城の公用として備えられ，儀式の時に使用されたらしい。この漆紙文書は32点のうちの1点で，胆沢城正庁跡の南東にある東方官衙の土壇の中から出土した。直径約24cmの円形の紙が2つ折りされた状態になっていたが，国立歴史民俗博物館で赤外線カメラを使って調べたところ，「謹身節用以養父母此庶人之孝也」など220字を解読した。「古文孝経」は22章からなるが，同文書には5〜8章まで，約20行が記されている。

──────────学会・研究会

日本考古学協会第50回総会　4月29日・30日の両日，東京・法政大学を会場に開催された。第1日目は午前中総会が行なわれ，新委員の選挙結果が報告されて，委員長に江上波夫東大名誉教授が再選された。また午後は公開講演会で関野雄氏の「中国における帝王陵の変遷」と江上波夫氏の「倭人の国から大和朝廷へ」が演ぜられた。第2日目は終日研究発表が行なわれた。

宮城県多賀城市志引遺跡の調査─特に，前・中期旧石器文化について……………鎌田俊昭
千葉県鎌ケ谷市東林跡遺跡の調査……麻生優・織笠昭・犬塚俊雄
神奈川県相模原市橋本遺跡の黒曜石の分析…金山喜昭・鈴木正男
宮城県中沢目貝塚第2次発掘調査について……………須藤隆
　　　高橋理・大矢忠和
兵庫県芦屋市山芦屋遺跡の調査…網干善教・米田文孝・山口卓也
　　　山田隆一・伊藤雅之

大阪市内・加美遺跡の発掘調査………………永島暉臣慎
石川県国分尼塚1号墳の調査……………秋山進午・和田晴吾
福島県本屋敷古墳群の調査………………伊藤玄三
奈良県牧野（バクヤ）古墳の調査………………河上邦彦
　　松永博明・米田文孝
神奈川県横須賀市なたぎり遺跡の調査………………小出義治
　　滝澤亮・長谷川厚
奈良県橿原市曽我遺跡の調査………………関川尚功
大阪府一須賀古墳の調査………………井藤徹・山本彰
奈良県飛鳥石神遺跡第3次発掘調査………………立木修
奈良県山田寺第5次（東面回廊）の調査………佐藤興治・岩本正二
奈良県藤原宮西面中門・東方官衙の調査………………菅原正明
奈良県平城宮推定第二次大極殿地域の調査………………毛利光俊彦
奈良県平城京右京北辺坊の調査………………森郁夫
法隆寺百万塔の考古学的調査………………松村恵司
東京都多摩ニュータウン遺跡群の発掘調査………石井則孝・比田井克仁
中世津軽安東氏関係遺跡―特に中世十三湊山王坊跡の調査─………………加藤孝
広島県草戸千軒町遺跡（第30〜32次）の調査………小田原昭嗣
千葉県一宮町一宮城跡之内遺跡………………大和久震平
「夏」の歴史的性格について………………飯島武次
脂肪酸分析と考古学………佐原真・中野益男
年輪年代学の現状………………光谷拓実・田中琢

■第9号予告■

特集　墳墓の形態とその思想

1984 年 10 月 25 日発売
総 108 頁　　1,500 円

墳墓の考古学……………………坂詰秀一
墳墓の変遷
　縄文墳墓の変遷…………………永峯光一
　配石墓と支石墓…………………藤田　等
　古墳群の変遷……………………丸山竜平
　律令官人の墓……………………前園実知雄
　平安京時代の墓…………………寺島孝一
　武将の墓…………………………日野一郎
　大名の墓…………………………伊東信雄
墳墓と信仰
　ストーン・サークルの性格……水野正好
　方形周溝墓と墳丘墓……………茂木雅博
　モガリと古墳……………………久保哲三
　土偶破砕の世界…………………米田耕之助

洗骨葬の系譜……………………国分直一
赤色の呪術………………………市毛　勲
隼人の墓…………………………上村俊雄
えぞ族長の墓……………………伊藤玄三
買地券の世界……………………間壁葭子
禅僧の墓…………………………中川成夫

＜講座＞古墳時代史 9 ……………石野博信
＜講座＞考古学と周辺科学 7 ―民族学
　　……………………………………大塚和義

＜調査報告＞　　＜書評＞　　＜論文展望＞
＜文献解題＞
＜学界動向＞

編集室より

◆銅から鉄へ，金属器の出現は古代文化の性格を大きく変えた。ことに鉄はその性質において銅などよりもはるかに現実的に機能性がある。儀器などの多い銅などとはちがい，その硬度さは，戦闘様式なども大きく変えていったであろうことが想像される。

　本号はことに日本最大ともいわれる新日鐵の第一技術研究所の皆さんのご協力によったところが大きい。分析から年代決定など，それはまさに科学の勝利ともいうべき多くの新発見を提供できるものと信じる。
　　　　　　　　　　（芳賀）

◆鉄といえば，子供のころ「カナケ」とよばれる濁った井戸水のために，いつも水を濾して飲んだ覚えがある。そこは北近江の地で，先ごろになって近くに 8 世紀代の製鉄遺跡が分布していることを知った。このカナケなるものは鉄分が水に溶けたものらしい。
　よく古代の豪族が鉄の生産を握っていたために，強力な権力をもちえたと説かれているが，その実態は不明なところが多い。本特集では自然科学の最新のデータと考古学のめざましい成果を結集した。鉄生産の開始時期にしても各説の差は大きいようだが，今後の研究が待たれよう。（宮島）

本号の編集協力者——佐々木稔（新日鐵第一技術研究所）
1933 年秋田県生まれ，東北大学卒業。「七支刀と百練鉄」（鉄と鋼，68-1)「稲荷山鉄剣表面鏽の解析」（MUSEUM，308）「古代における炒鋼法とその製品」（日本製鉄史論集）「たたら製鉄鉱滓の鉱物組成と製錬条件」（たたら研究，14)

■ 本号の表紙 ■
古 代 刀 の 肌

　上の写真は埼玉県児玉町生野山（なまのやま）出土刀（6 世紀前半），下は群馬県前橋市総社二子山出土刀（6 世紀末）である。

　児玉の鏽刀は鏽間に杢目肌が針書状の深い凹線になる。これは肌目をなす不純物（鉄滓）に銅分を多く残しているためで，これを研磨すると杢目肌にみえる乳白色の滓線にそえてやや太く青黒い地景（ちけい）が目立つものである。

　前橋市総社の鍛造大刀は大板目に杢目肌を交え，その肌目にそった広狭の地景が見事である。鎬地も平地と同じ鍛え肌で，刃文は上手な直刃で匂口という平地との境は焼刃土を施したきわめて弱度の焼入である。これが炒鋼刀の特色であろう。
　　　　　　　　　　　　（石井昌国）

▶本誌直接購読のご案内◀

　『季刊考古学』は一般書店の店頭で販売しております。なるべくお近くの書店で予約購読なさることをおすすめしますが，とくに手に入りにくいときには当社へ直接お申し込み下さい。その場合，1 年分 6,000 円（4 冊，送料は当社負担）を郵便振替（東京 3-1685）または現金書留にて，住所，氏名および『季刊考古学』第何号より第何号までと明記の上当社営業部までご送金下さい。

季刊 考古学　第 8 号　　　　1984 年 8 月 1 日発行
ARCHAEOLOGY　QUARTERLY　　　定価 1,500 円

編集人　芳賀章内
発行人　長坂一雄
印刷所　新日本印刷株式会社
発行所　雄山閣出版株式会社
　　　　〒102　東京都千代田区富士見 2-6-9
　　　　電話　03-262-3231　　振替　東京 3-1685

◆本誌記事の無断転載は固くおことわりします
ISBN 4-639-00378-1　printed in Japan

季刊 考古学 オンデマンド版　第 8 号　1984 年 7 月 1 日　初版発行
ARCHAEOROGY　QUARTERLY　　　　　2018 年 6 月 10 日　オンデマンド版発行
定価（本体 2, 400 円 + 税）

編集人	芳賀章内
発行人	宮田哲男
印刷所	石川特殊特急製本株式会社
発行所	株式会社　雄山閣　http://www.yuzankaku.co.jp
	〒 102-0071　東京都千代田区富士見 2-6-9
	電話 03-3262-3231　FAX 03-3262-6938　振替　00130-5-1685

◆本誌記事の無断転載は固くおことわりします　　ISBN 978-4-639-13008-6　Printed in Japan

初期バックナンバー、待望の復刻!!

季刊 考古学 OD　創刊号〜第 50 号〈第一期〉

全 50 冊セット定価（本体 120,000 円＋税）　セット ISBN：978-4-639-10532-9

各巻分売可　各巻定価（本体 2,400 円＋税）

号　数	刊行年	特　集　名	編　者	ISBN（978-4-639-）
創刊号	1982 年 10 月	縄文人は何を食べたか	渡辺 誠	13001-7
第 2 号	1983 年 1 月	神々と仏を考古学する	坂詰 秀一	13002-4
第 3 号	1983 年 4 月	古墳の謎を解剖する	大塚 初重	13003-1
第 4 号	1983 年 7 月	日本旧石器人の生活と技術	加藤 晋平	13004-8
第 5 号	1983 年 10 月	装身の考古学	町田 章・春成秀爾	13005-5
第 6 号	1984 年 1 月	邪馬台国を考古学する	西谷 正	13006-2
第 7 号	1984 年 4 月	縄文人のムラとくらし	林 謙作	13007-9
第 8 号	1984 年 7 月	古代日本の鉄を科学する	佐々木 稔	13008-6
第 9 号	1984 年 10 月	墳墓の形態とその思想	坂詰 秀一	13009-3
第 10 号	1985 年 1 月	古墳の編年を総括する	石野 博信	13010-9
第 11 号	1985 年 4 月	動物の骨が語る世界	金子 浩昌	13011-6
第 12 号	1985 年 7 月	縄文時代のものと文化の交流	戸沢 充則	13012-3
第 13 号	1985 年 10 月	江戸時代を掘る	加藤 晋平・古泉 弘	13013-0
第 14 号	1986 年 1 月	弥生人は何を食べたか	甲元 真之	13014-7
第 15 号	1986 年 4 月	日本海をめぐる環境と考古学	安田 喜憲	13015-4
第 16 号	1986 年 7 月	古墳時代の社会と変革	岩崎 卓也	13016-1
第 17 号	1986 年 10 月	縄文土器の編年	小林 達雄	13017-8
第 18 号	1987 年 1 月	考古学と出土文字	坂詰 秀一	13018-5
第 19 号	1987 年 4 月	弥生土器は語る	工楽 善通	13019-2
第 20 号	1987 年 7 月	埴輪をめぐる古墳社会	水野 正好	13020-8
第 21 号	1987 年 10 月	縄文文化の地域性	林 謙作	13021-5
第 22 号	1988 年 1 月	古代の都城―飛鳥から平安京まで	町田 章	13022-2
第 23 号	1988 年 4 月	縄文と弥生を比較する	乙益 重隆	13023-9
第 24 号	1988 年 7 月	土器からよむ古墳社会	中村 浩・望月幹夫	13024-6
第 25 号	1988 年 10 月	縄文・弥生の漁撈文化	渡辺 誠	13025-3
第 26 号	1989 年 1 月	戦国考古学のイメージ	坂詰 秀一	13026-0
第 27 号	1989 年 4 月	青銅器と弥生社会	西谷 正	13027-7
第 28 号	1989 年 7 月	古墳には何が副葬されたか	泉森 皎	13028-4
第 29 号	1989 年 10 月	旧石器時代の東アジアと日本	加藤 晋平	13029-1
第 30 号	1990 年 1 月	縄文土偶の世界	小林 達雄	13030-7
第 31 号	1990 年 4 月	環濠集落とクニのおこり	原口 正三	13031-4
第 32 号	1990 年 7 月	古代の住居―縄文から古墳へ	宮本 長二郎・工楽 善通	13032-1
第 33 号	1990 年 10 月	古墳時代の日本と中国・朝鮮	岩崎 卓也・中山 清隆	13033-8
第 34 号	1991 年 1 月	古代仏教の考古学	坂詰 秀一・森 郁夫	13034-5
第 35 号	1991 年 4 月	石器と人類の歴史	戸沢 充則	13035-2
第 36 号	1991 年 7 月	古代の豪族居館	小笠原 好彦・阿部 義平	13036-9
第 37 号	1991 年 10 月	稲作農耕と弥生文化	工楽 善通	13037-6
第 38 号	1992 年 1 月	アジアのなかの縄文文化	西谷 正・木村 幾多郎	13038-3
第 39 号	1992 年 4 月	中世を考古学する	坂詰 秀一	13039-0
第 40 号	1992 年 7 月	古墳の形の謎を解く	石野 博信	13040-6
第 41 号	1992 年 10 月	貝塚が語る縄文文化	岡村 道雄	13041-3
第 42 号	1993 年 1 月	須恵器の編年とその時代	中村 浩	13042-0
第 43 号	1993 年 4 月	鏡の語る古代史	高倉 洋彰・車崎 正彦	13043-7
第 44 号	1993 年 7 月	縄文時代の家と集落	小林 達雄	13044-4
第 45 号	1993 年 10 月	横穴式石室の世界	河上 邦彦	13045-1
第 46 号	1994 年 1 月	古代の道と考古学	木下 良・坂詰 秀一	13046-8
第 47 号	1994 年 4 月	先史時代の木工文化	工楽 善通・黒崎 直	13047-5
第 48 号	1994 年 7 月	縄文社会と土器	小林 達雄	13048-2
第 49 号	1994 年 10 月	平安京跡発掘	江谷 寛・坂詰 秀一	13049-9
第 50 号	1995 年 1 月	縄文時代の新展開	渡辺 誠	13050-5

※「季刊 考古学 OD」は初版を底本とし、広告頁のみを除いてその他は原本そのままに復刻しております。初版との内容の差違はございません。

　「季刊 考古学　OD」は全国の一般書店にて販売しております。なるべくお近くの書店でご注文なさることをおすすめしますが、とくに手に入りにくいときには当社へ直接お申込みください。